AI 피보팅

AI는 어떻게 기업을 살리는가

AI 피보팅

김경준·손진호 지음

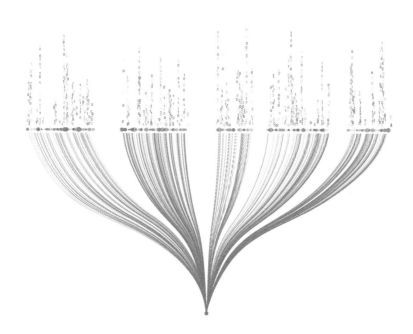

원앤원북스

디지털과 AI는
돌덩이도 금덩이로 만든다

디지털 트렌드가 AI(인공지능)의 블랙홀로 집약되는 와중에 코로나19가 겹치면서 퍼펙트 스톰(Perfect Storm)이 되었다. 영역과 업종을 불문하고 전방위로 급속하게 진행되는 변화로 기존 질서가 무너지고 새로운 구도가 형성되고 있다. 디지털 기술 기업들이 주도해왔던 흐름이 아날로그 기업들로까지 확산되는 메가 트렌드다. 디지털의 공세를 아날로그가 막아내는 모양새도 변화했다. 디지털 트렌드에 아날로그 기업들이 적극적으로 대응하며 성공 사례가 속출하고 있기 때문이다. 디지털 접목에 따른 아날로그 기업의 성과가 소위 디지털 기업을 능가하는 경우도 비일비재하다.

　디지털 기업의 기본 방향은 현재까지 사업을 전개해왔던 추세의 연장선에 있다. 보유한 기술과 시장의 접점에서 미래의 가능성을 추구한다. 그러나 아날로그 기업은 완전히 다른 입장이다. 현재 사업의 연장선에서는 미래가 없다. 아날로그 방식에 기반한 기술은 급속히 진부해지고 시장은 위축되고 있기 때문이다. 따라서 기존 사업을 디지털의 관점에서 재해석하고 재창조하는 사업 모델로의 전환이 필수적이다. 최근 스타트업이 사업 개발 과정에서 방향 전환을 의미하는 용어로 사용하는 피보팅(Pivoting)의 개념과 일맥상통한다. 스포츠 용어인 피보팅은 농구에서 공을 잡은 선수가 상대 선수를 피하기 위해 한 발은 그대로 두고 다른 발을 움직여 방향을 전환하는 동작이다. 스타트업은 당초 구상했던 사업이 실행 단계에서 시장 반응이 기대 수준에 미달하면 피보팅을 통해 사업 방향을 재정립한다. 마찬가지로 현재 사업 모델에서 한계를 느끼는 기존 아날로그 기업도 '디지털 피보팅(Digital Pivoting)'으로 사업 방향을 재정립해야 한다.

　아날로그 기업의 디지털 피보팅은 '업(業)의 본질'에 대한 성찰에서 출발한다. 현재 시장경제에서 존재하는 모든 사업은 호모 사피엔스의 '생존과 번식'이라는 목표 함수와 여기에서 파생되는 건강, 가족, 풍요, 편리, 행복 등의 가치를 제공함으로 존재한다. 업이란 이러한 가치를 시장이라는 매개체로 경쟁을 통해 효율적 비용으로 전달하는 과정이다. 아무리 시대가 변하고 기술이 발달해도 불변의 명제다. 현재의 아날로그 기업은 지금까지 이러한 가치를 만들어서 전달했기에 존재하고 있다. 디지털 시대란 이러한 가치를 만들고 전달하는 방식의 변화를 의미한다. 디지털 피보팅이란 아날로그 기업이 지금까지 견지한 업의 본질에 대한 디지털 관점의 재해석과 실제 적용을 의미한다.

아날로그 기업을 오늘의 위치로 올려놓은 기존 방식의 사업은 디지털 시대를 맞아 순식간에 돌덩이처럼 무거운 저가치의 유산으로 전락하고 있다. 디지털 기업을 무작정 모방해 단기간에 따라잡기도 어렵다. 앞서서 달리는 사람을 따라가지도 못하고 그대로 있을 수도 없는 진퇴양난의 상황이다. 그렇다고 막연히 시류를 따라가서는 필패한다.

디지털 피보팅은 이 지점에서 실질적 의미를 가진다. 기존의 아날로그 사업을 디지털 기술이라는 도구와 접목해 재도약하는 전략적 방향성이다. 물론 이 과정도 쉽지는 않겠지만 이는 선택이 아니라 필수다. 그대로 머물러 있으면 생존 자체가 불투명하기 때문이다. 자신만의 사업 역량을 바탕으로 디지털 시대에 부합하는 방향성을 재정립해야 하는 배경이다.

디지털 피보팅은 돌덩이도 금덩이로 만든다. 저가치의 무거운 돌덩이인 아날로그 사업이 디지털 피보팅을 통해 고가치의 가벼운 금덩이인 아날로그-디지털 융합 사업으로 변신한다. 이는 추상적 개념이 아니라 현실에서 전개되고 있는 실제 상황이다. 소위 전형적인 아날로그 생활 밀착형 서비스 산업으로 치부되었던 세탁소, 주차장, 정육점, 피자 체인점을 비롯해 전통적인 아날로그 사업인 운송, 숙박, 유통 부문 등에서 속출하는 사례들이 이를 웅변한다.

이러한 변신은 음식을 조리할 때 사용하는 소금에 비유할 수 있다. 식재료 원가에서 소금의 비중은 미미하다. 그러나 소금이 없으면 맛을 내기 어렵다. 마찬가지로 디지털 피보팅에 성공한 아날로그 기업들은 기존 역량과 자산을 중심으로 디지털 기술이라는 소금을 접목해서 커다란 변화를 이끌어 내고 있다.

우리나라 기업의 대부분은 아날로그 방식의 사업이 기본이다. 디지털 전환이 중요한 과제로 부상했지만 총론에는 공감하면서도 구체적 각론에서는 혼돈스러워 하는 경우가 대다수다. 급변하는 상황에서 디지털 기업들도 나름대로의 고민은 크겠지만 아날로그 기업들의 디지털 피보팅은 그야말로 촌각을 다투는 과제다. 그리고 아날로그 기업들이 디지털 기술을 접목하는 디지털 피보팅에 성공하는 경우 성과와 반향은 더욱 크다. 이런 측면에서 이 책에서는 DX(Digital eXchange) 시대의 디지털 피보팅 추진을 위한 '사업 모델 혁신' '전략적 지향점' 'AI 디지털 전환 실행'의 3가지를 다룬다. 아날로그 기업들이 디지털 격변기에 적응하기 위한 기본 과제다. 이 3가지 주제를 5부로 나누어 구성했다.

1부는 디지털 격변으로 펼쳐지는 새로운 지평을 정리했다. 21세기 경제 산업 부문을 포함해 정치 사회 영역까지 변화시키는 거대한 물결을 기업의 사업 모델 변화 관점에서 조망한 배경과 전개 양상이다. 그리고 디지털 시대를 맞아 사업 모델 혁신의 전략적 방향성을 제시했다.

2부는 디지털과 아날로그의 융합에서 오는 기회 요인을 살펴보고 디지털 전환의 과정에서 혁신 엔진으로서 AI의 전략적 의의를 규정했다.

3부는 AI가 디지털 전환 과정에서 수행하는 역할과 디지털 피보팅을 추진하려는 국내 기업들이 사업에 적용 가능한 실질적인 AI 역량을 신속하게 확보하는 구체적 방법을 제시했다.

4부는 AI와 디지털 기술을 적용한 국내외 성공 사례를 주제와 영역별로 정리했다. 특히 3부와 4부는 인공지능 실용화 플랫폼 스타트업인 알고리즘랩스가 제조, 금융, 유통 등 국내 기업을 대

상으로 실제 현장에서 AI 디지털과 관련한 다양한 프로젝트를
수행하면서 체득했던 경험이 압축되어 있다. 규모와 업종을 불
문하고 AI를 활용해 디지털 전환의 현실적 방안을 모색하는 국
내 기업들에게 생생하고 현장감 있는 조언이 되리라 기대한다.

5부는 AI로 펼쳐지는 디지털 전환기에서 기회를 잡기 위한
7가지 전략적 접근이다. 국내 기업에서 디지털 전환 프로그램을
추진하는 임직원들이 AI 도입 과정에서 시행착오를 최소화하기
위한 전략적 가이드라인을 제시했다. '풍요 속의 빈곤'이라고, AI
관련 정보들이 넘쳐나고 중요성이 강조되지만 역설적으로 실질
적인 도입 방안을 수립하려는 개별 기업의 실제 여건과는 거리
가 먼 정보들도 많은 현실이다. 이러한 상황을 감안해 저자들이
우리나라 기업들의 디지털 전환과 AI 도입의 현장에서 경험한
사례에서 도출한 교훈을 압축했다.

기존의 질서가 유지되는 기간에 산업은 고체처럼 존재한다.
개별 산업들이 구분된 공간에서 제한적 경쟁 구도를 유지한다.
변화는 진행되지만 '찻잔 속의 태풍'으로 기존 구조에서의 순
위 변동인 경우가 대부분이다. 그러나 패러다임 변화기에 산업
은 액체처럼 유동화된다. 무관했던 산업들이 연계, 융합되면
서 산업구조와 경쟁 구도 자체가 급변한다. 18세기의 증기기

관, 19세기의 철도와 전신, 20세기 초반의 전기 전자와 자동차, 20세기 후반의 컴퓨터와 반도체가 대표적 사례다. 현재는 AI 디지털 기술을 매개로 경제 산업 전반이 액체화, 유동화되면서 새로운 지평이 열리고 있다. 기존 아날로그 기업들에게 생존을 위협하는 위기이자 디지털 피보팅을 통한 재도약의 기회이기도 하다.

위기는 크게 보이고 기회는 작게 보이지만, 모든 가능성은 열려 있다. AI 디지털의 새로운 지평을 향한 출발은 선택이 아니라 필수다. 아무쪼록 이 책이 이러한 여정에 도움이 되었으면 하는 바람이다.

2021년 6월

딜로이트 컨설팅 부회장 김경준

알고리즘랩스 대표이사 손진호

AI는 미래 경쟁력을 확보하기 위한 혁신의 도구이며
사람을 대체하지 않고 사람의 역할을 크게 만든다.

3부

기업의 AI 도입을 위한
현실적 접근

4부

디지털 전환과
AI 도입 사례

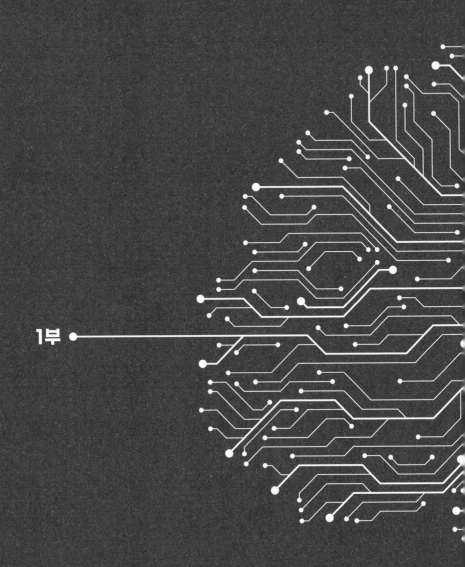

1부

디지털 격변으로 펼쳐지는
새로운 지평

디지털 격변,
전개의 배경

코로나19 충격과 디지털 격변의 가속화

2019년 말에 중국에서 발원한 코로나19가 전 세계로 확산되기 시작했다. 신종 바이러스의 실체를 정확히 모르는 상태에서 각국은 일단 사람들 간 접촉과 이동을 금지하고 방역을 강화하면서 추이를 살피는 방식으로 대응했다. 그러나 급속도로 확산되는 바이러스를 막기는 어려웠고 각국에서 감염자와 사망자가 속출하기 시작했다. 급기야 경제활동 전반이 중단되면서 파장은 사회 전반으로 확산되었다.

충격을 받으면 정신이 번쩍 들고 행동이 바뀐다. 건강검진이 대표적이다. 대부분 40대 후반부터는 당뇨, 고지혈, 고혈압 등 성인병 징후가 나타난다. 검진 결과에 긴장하며 관리를 결심하지만 작심삼일, 사흘을 유지하기 어렵다. 그러나 갑자기 졸도해 실려 간 응급실에서 "이번에는 회복되었지만 다음에는 생사를 모른다."라는 진단에 충격을 받으면 생활 습관이 바뀐다. 수면 아래 진행되던 성인병을 각성하고 행동을 변화시키는 돌발 상황처럼, 역사적으로 전쟁이나 전염병은 사회경제적 변화를 급진전시키는 계기로 작용했다. 이번 코로나19도 마찬가지다.

딜로이트 컨설팅이 2020년 4월 발간한 '포스트 COVID-19 시대 재도약을 위한 시나리오'는 코로나19 이후 예상되는 변화 요인을 5가지로 도출했다. 경제 산업 관점에서는 두 번째인 '디지털 전환의 가속'이 핵심이다.

코로나19 방역으로 인한 자가 격리 및 이동 제한으로 디지털 시대로의 전환이 가속화되었다. 격리된 상황에서 겪은 디지털 경험이 지속되며, 더욱 편리한 가상공간을 만들기 위한 기술이 추가로 개발되고, 최근 각광받는 메타버스 등 가상 세계에서의 활동이 일반화된다. 소비자의 온라인 의존도가 높아지면서 데이터 공유 또한 활성화되어 기술 발전을 가속화시킨다.

디지털 시대에 부응하는 기업의 옴니채널 전략 및 디지털 트랜스포메이션(DT)은 필수 불가결한 선택이 될 전망이다. 요지는 코로나19로 인해 디지털 전환이 가속화된다는 점이고 이는 코

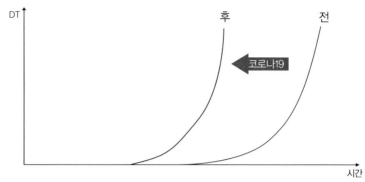

코로나19는 일시적 충격, 본질은 디지털 격변의 가속화

| 코로나19 이후 예상되는 변화 요인 |

변화 요인	내역
경기 침체 및 기업 위기	- 기업들은 수요 및 공급 충격으로 유동성 위기를 겪으며 신용 위기도 발생
디지털 전환 가속	- 자가 격리 및 이동 제한으로 디지털 시대로의 전환 가속화 - 소비자의 온라인 의존도가 높아지고 가상 세계 활동이 일반화
국제 질서의 변동	- 국제 관계에 지각변동 불가피
빈부 격차 심화	- 저소득층은 경기 침체와 실업 등의 충격에 많은 피해가 예상 - 대기업과 중소기업 간의 디지털 격차가 생존력 격차로 연결
정부 권한 변화	- 전염병 확산 방지를 위한 민간 통제를 목적으로 정부 권한 강화

자료: 딜로이트 컨설팅, '포스트 COVID-19 시대 재도약을 위한 시나리오'(2020.4)

로나19 이후 지금까지 우리가 경험하고 있는 변화다.

코로나19는 아날로그 세계에 조용히 스며들다가 최근 들어 불타오르던 디지털 격변에 기름을 부었다. 당초에는 종말론적 우려도 팽배했지만 시간이 지나면서 명확해지는 측면이 있다. 바로 코로나19는 일시적 충격이고 본질은 디지털 격변의 가속화라는 것이다.

정보혁명과 디지털 전환의 2단계 전개

저명한 미래학자 앨빈 토플러(Alvin Toffler, 1928~2016)는 1980년 출간한 『제3의 물결』에서 정보혁명의 전개와 정보화 사회의 도래를 예견했다. 그는 제1의 물결을 1만 년 전 중동 메소포타미아에서 시작된 농업혁명, 제2의 물결을 18세기 중반 영국에서 시작된 산업혁명으로 규정하고, 1980년대부터 본격화되는 정보산업의 성장과 정보사회의 도래를 제3의 물결로 규정했다. 제2의 물결인 산업 시대까지의 경제 및 생산 활동이란 원재료와 노동의 결합이라는 기존의 방식이 제3의 물결인 정보화 시대에는 정보와 지식 기반으로 전환된다는 시각이었다.

1980년 발간 당시의 산업구조에서는 개념적인 차원이라면 몰라도 실제로 이해하기는 어려웠다. 특히 우리나라는 정보산업은 고사하고 소위 중화학 공업조차도 태동하던 시기였기에 더욱 그러했다. 정보혁명이 우리나라에서는 1980년대 중반부터 컴퓨터와 휴대폰이 일반에게 보급되면서 체감되기 시작했다. 사회경제 전반의 문명적 변화인 정보혁명의 광범위한 개념을, 기업들은 산업구조 변화와 미래 전략 방향성의 실질적 차원에서 규정할 필요가 있었다. 이러한 측면에서 정보혁명은 '정보산업의 태동 및 기존 산업의 정보화 혁신'으로 정의되었다.

정보혁명의 1단계에서는 컴퓨터, 휴대폰, 반도체, 초고속 통신 장비 등 정보산업이 태동한다. 2단계에서는 정보 기술의 확산으로 기존 산업의 정보화 혁신이 진행된다. 기업 전략 관점에서 정보산업 태동기에는 미래지향적 사업 포트폴리오 재편이 핵심 과제이고, 확산기에는 기존 사업에 정보 기술을 접목하는 경영 혁신이 부각된다. 실제로 태동기에 정보산업으로 진출을 성공한 기업은 비약적으로 성장했다. 확산기에는 이메일, 그룹웨어, BPR(Business Process Re-engineering, 업무 재설계) 등이 기업 운영의 근간으로 도입되었다.

이러한 관점을 18세기 중반의 산업혁명에 대입해도 맥락은 동일하다. 증기기관의 개념적 시제품은 1663년에 출현했지만 상업용은 1776년 제임스 와트(James Watt, 1736~1819)가 발명했다. 1단계로 증기기관 및 관련한 부품 산업이 성장하고, 2단계로 증기기관이 기존 산업으로 확산되면서 산업혁명이 본격적으로 전개된다. 1807년 미국의 로버트 풀턴(Robert Fulton, 1765~1815)이 상업용 증기선을 개발했고, 1825년 영국의 조지 스티븐슨(George Stephenson, 1781~1848)이 증기기관차를 실용화했다. 당초 석탄광 갱도에 차오르는 물을 배수하기 위한 용도로 개발되었던 증기기관은 기존의 운송, 물류, 제조업과 접목되면서 혁명적 변화를 일으켰다.

오늘날의 디지털 격변도 유사한 양상이다. 1단계로 인공지능, 빅데이터 분석, 클라우드 등의 디지털 산업이 태동하고 성장하고, 2단계로 기존 산업으로 확산되는 흐름이다. 이러한 디지털 기술 확산의 속도는 산업마다 차이를 보인다. 초기에는 인접 산업인 통신, 미디어 등으로 전파되었다가 점차 유통, 물류, 금융, 제조 분야로 범위를 넓혔다. 이러한 측면에서 2020년을 결산한다면 디지털 격변의 2단계가 본격적으로 개막하면서 아날로그 질서가 디지털 패러다임으로 전환되는 변곡점으로 평가된다.

산업 전반적으로 기존 오프라인 아날로그 사업자들이 정체하고 신생 온라인 디지털 사업자들이 대거 약진했다. 또한 전형적인 아날로그 생활 밀착형 사업인 음식, 식재료, 세탁 부문까지도 디지털 격변이 급속하게 진행되었다. 자영업 수준의 소규모 식당과 재래시장의 가게조차 플랫폼을 경유한 온라인 매출에 따라 명암이 교차한다. 나아가 코로나19 방역을 위한 대면 접촉 제한으로 원격 교육, 재택근무 등이 강제로 시행되면서 공교육, 공공 서비스 등 자생적 변화와는 상대적으로 거리가 있던 부문도 디지털 격변의 영향권에 편입되고 있다.

2020년을 기점으로 디지털 격변은 기업의 전략적 차원에서

| 정보화 시대 vs. 디지털 시대 |

정보화 시대

- **정보산업의 태동과 성장**: 컴퓨터, 인터넷, 반도체 등
- **기존 산업의 정보화 혁신**: 유통, 미디어, 제조 등

디지털 시대

- **디지털 산업의 태동과 성장**: AI, 클라우드, 플랫폼 등
- **기존 산업의 디지털 격변**: 금융, 의료, 서비스 등

선택이 아니라 필수이고, 방향이 아니라 속도의 차원으로 전환
되었다. 기업의 규모와 업종을 불문하고 각자의 입장에서 신속
하게 현실적 대응 방안을 수립하고 내·외부의 가용한 자원을 총
동원해 디지털 격변의 물결에 합류해야만 미래 생존이 가능하게
되었다.

1990년대 정보혁명의 전환기에 사업 포트폴리오를 재편하지
못하고 정보 기술에 기반한 업무 혁신에도 뒤처진 기업은 퇴조
하는 운명을 맞았다. 마찬가지로 2020년은 디지털 변화를 이해
하고 대응하는 역량에 따라 기업들의 성쇠가 판가름 나기 시작
하는 분기점으로 기록될 것이다.

경계의 종말과 산업의 액체화

디지털 시대의 특징은 경계의 종말이다. 아날로그 시대에는 산업 간 구분이 비교적 뚜렷했다. 기반 기술, 원재료, 생산방식, 생산 설비 등이 모두 달랐기 때문이다. 일부 중첩되는 부분은 있었지만 근본적으로 산업들은 서로 구분되었다. 그러나 정보혁명 이후에는 모든 산업들이 디지털 기술이라는 블랙홀로 흡수되고 재탄생하고 있다.

통신과 방송이 대표적이다. 전파와 전자 기술에 기반한 인접 산업이지만 통신과 방송은 완전히 다른 영역이었다. 쌍방향으로 소수끼리 의사소통하는 통신과 일방향 다수를 대상으로 정보를 전달하는 방송은 분리된 영역이었다. 그러나 초고속 통신망이 보급되고 다자간 쌍방향 통신이 가능해지면서 방송과 구분이 희미해졌다. 1990년대까지도 방송과 통신의 융합은 개념 차원이었지만 지금은 일상생활이 되었다.

최근에는 유통과 물류의 융합이 급속히 진전되고 있다. 과거 아날로그 시대에 물류는 유통 사업의 하부 기능에 불과했다. 사업자가 오프라인 점포망을 전개하면 물류는 후방에서 지원했다. 그러나 온라인 유통업의 등장으로 유통과 물류는 융합되기 시작했고, 나아가 물류가 중심이 되어 유통을 흡수하는 역전 현상까지 일어났다. 유통산업 고객 접점의 중심이 오프라인 점포에서 사이버 공간에 존재하는 온라인 페이지로 이동했기 때문이다. 지금까지 유통 분야에서 대형 점포 위주의 마트와 할인점이 온라인 유통이 확대되는 변화의 직접 영향권에 있었다. 요즘은 그동안 이러한 변화에서 약간 비켜나 있었던 편의점으로도 확대되고 있다.

국내 주요 배달 애플리케이션(앱)들은 2019년 '편의점 배달 서비스'를 시작했다. 소비자들이 온라인으로 편의점 물품을 주문하면 배송해주는 서비스다. 편의점은 생활공간 근거리에 위치해 접근성이 뛰어나지만 오프라인 점포의 특성상 소비자가 이동해야 한다. 배달 앱은 조밀한 편의점 점포망을 연계하는 신속한 배송으로 시장을 확대했다. 편의점도 온라인 배달로 추가 매출이 발생하는 상호 이익의 협력 구조였다. 갈등은 배송 업체인 요기요가 2020년 9월부터 편의점과 유사한 품목을 배송하는 사업에 진출하면서 시작되었다. 편의점 업계는 기존 점포의 매출을 감소시킨다고 반발하면서 지금까지 편의점 물품 배송으로 축적한 소비자 데이터를 사업에 활용할 가능성을 우려한다. 또 배송 업체의 고객 접점 화면에 자사를 우선적으로 노출하는 불공정성도 지적한다.

이러한 갈등을 디지털 격변기 산업 변화의 관점에서 보면 '유통과 물류 간 경계의 종말'이라는 현상이다. 또한 디지털 시대 데이터 자산의 가치를 재인식하는 사례다. 모든 사업은 고객 접점의 우위에서 성패가 결정된다. 과거 아날로그 시대의 유통업에서 핵심 자산은 오프라인 점포의 입지였지만 디지털 시대에는 고객 데이터의 확보다. 주거지 인근에 조밀하게 전개된 편의점조차도 배달 앱이 확보한 고객 데이터에 대항하기 어렵다는 징표다. 아날로그 시대 기업의 핵심 자산이 토지, 노동, 자본이라는 유형자산이었다면 디지털 시대에는 데이터, 알고리즘이라는 사이버 자산으로 변모하고 있다.

산업 간 경계가 분명했던 아날로그 시대에는 산업들이 구획된 영역에서 고체처럼 존재했다. 일단 산업구조와 지배 기업이 형성되면 오랫동안 유지되었다. 그러나 20세기 후반부터 본격화된 정보혁명은 산업을 액체처럼 바꾸어놓았다. 경쟁 범위가 넓어지고 산업과 제품의 수명 주기가 짧아지면서 역동성이 커졌고 과거 분리되었던 산업을 접근시키고 통합시키면서 경계선이 흐려졌다. 기존에는 무관해 보였던 영역의 혁신이 전이되면서 산업구조의 격변을 유발하는 양상이 생겨났다.

21세기 들어서 전개되는 디지털 격변으로 산업 환경은 정보기술과 데이터를 매개로 삼아 기체로 변화하고 있다. 내연기관 기반의 자동차가 전기 구동 인공지능 디바이스로 변화하면서 100년 산업 질서의 변화를 예고한다. 드론이 상징하는 무인 자율 이동체는 군사에서 방송, 엔터테인먼트, 레저, 심지어 무인 민간 항공기로 확장되고 있다.

SNS로 조밀하게 연결된 소비자들은 글로벌 차원에서 실시간으로 제품과 서비스에 대한 취향과 평가를 공유하면서 공급자에 대한 신속하고 강력한 피드백을 제공하고 있다. 나아가 다양한 상거래 플랫폼에 개별 차원에서 소비사, 공급자, 유통업자로 직접 참여하고 있다. 또한 과거 전통적인 규제 산업으로 분류되었던 금융 산업에서도 핀테크를 활용한 비금융회사의 결제 서비스 , 크라우드 펀딩 등 집단 지성에 기반한 금융 중개업이 등장했다. 그야말로 언제, 어디서, 어떤 형태의 경쟁자가 나타나고 산업구조가 변화할지를 예측하기 어려운 기체와 같은 산업 환경 변화가 일어나고 있다.

기존 산업 간 경계가 없어지고 융합되면서 재창조되는 디지털 시대에 기업들의 경쟁 구도와 경쟁 방식도 급변하고 있다. 온라인과 오프라인의 구분도 무의미해지고 있다. 아날로그 산업들이 동물원의 울타리 안에서 구획되었다면 디지털 시대에는 대평원에서 경쟁하고 교류하며 협력하는 생태계에 비유된다. 기업 경영의 기본 관점이 동물원의 폐쇄적 규율에서 대평원의 개방적 원칙으로 패러다임의 전환이 필요하다.

링컨의 특허와 디지털 시대의 핵심 자산

근대 이후에 무형자산 개념과 경제 발전은 궤적을 같이한다. 경제와 산업의 발달은 재산권 개념의 확장과 궤도를 같이하기 때문이다. 원시인은 재산권 개념이 없지만 현대인은 유형자산은 물론 아이디어, 이야기 등의 무형자산에도 재산권을 부여하고 수입을 창출한다.

미국의 대통령 에이브러햄 링컨(Abraham Lincoln, 1809~1865)은 재산권 개념의 확장에 커다란 족적을 남겼다. 남북전쟁 승리와 노예해방으로 존경받는 링컨은 미국 역사에서 특허를 보유한 유일한 대통령이다. 젊은 시절 미시시피 강에서 선원 생활을 한 경험과 변호사로 근무하던 시기에 특허 업무를 다루었던 경험을 토대로, 강변에 접안하는 배에 사용하는 장치인 벨로우즈에 대한 특허를 1849년 취득했다. 이후 1858년 "특허 시스템은 새롭고 유용한 제품을 발명하는 천재들에게 불을 붙인다."라는 유명한 연설을 남겼다. 링컨은 노예해방으로 신분제를 철폐해 현대 시민사회의 초석을 놓았고, 특허 시스템을 정비하면서 20세기 산업 강국의 기반을 다졌다.

재산권으로 확립된 특허제도는 1474년 역사상 최초의 특허를 승인한 르네상스 시대 해상 강국 베네치아에서 출발했다. 베네치아는 조선술과 항해술에 관련된 기술혁신을 주도했다. 베네치아 국영 조선소는 산업혁명 이전까지 유럽 최대의 단일 생산 시설이었다. 오늘날에도 사용하는 복식부기를 발명했고, 해상법과 계약법을 정비했다. 무형의 지식과 아이디어에 재산권을 부여하는 특허 개념이 창안되었던 배경이다.

르네상스 시대 이후 특허를 비롯한 지식재산권 개념의 도입과 산업 발전은 동일한 궤적에 있다. 근대 이후 경제활동에서 발생하는 부가가치의 원천이 토지, 노동, 자본 등 전통적 유형자산에

산업 시대	정보화 시대	디지털 시대
토지, 노동, 자본 유형자산 노동자 집단	특허, 기술, 브랜드 무형자산 전문가 조직	데이터, 알고리즘 사이버 자산 탤런트 네트워크
제품(Product)	네트워크, 콘텐츠	플랫폼, P2P

서 기술, 지식, 브랜드 등 무형자산으로 이동했기 때문이다. 나아가 현대인은 멜로디, 노래 가사, 이야기, 이미지 등에까지 재산권을 부여하고 수입을 창출한다. 이러한 흐름의 기저에는 시장경제와 사유재산이 전제되어 있다. 특허를 비롯한 무형자산은 본질적으로 복잡한 개념이고 실제로 수익권을 행사하기 위해서는 명확한 소유권과 거래 구조가 제도적으로 확립되어야 한다. 20세기 후반 정보혁명이 본격적으로 전개되면서 공산주의 경제가 몰락하게 되는 주요 원인이 바로 지식과 기술 등 무형자산의 가치를 인정하는 실질적 제도가 미비했기 때문이다.

21세기 디지털 경제가 전개되면서 부가가치의 원천이 무형자산 중에서도 데이터와 알고리즘이라는 사이버 자산으로 이동하고 있다. 소매 유통, 대중교통, 숙박, 교육 등 산업 전반에서 고객 데이터를 확보하고 알고리즘으로 분석해 사업으로 연결시키는 역량이 핵심이다. 기업이 보유한 자산의 가치는 고객 접점을 확보하고 매출과 수익을 창출하는 잠재력에 있다. 자본시장에서 높이 평가받는 스타트업, 디지털 기업들의 공통점도 데이터를 확보해 사업으로 연결하는 역량이다. 업종을 불문하고 확산되는 이러한 흐름을 디지털 전환을 모색하고 있는 기존 아날로그 기업들은 주목해야 한다.

가치 창조 블랙박스의 변화

산업화 시대 기업의 3요소는 토지, 노동, 자본으로 분류했다. 기업은 3가지 유형자산을 최적으로 결합해 제품을 생산하고 수익을 창출했다. 그러나 1980년대 이후 정보혁명이 진전되고 산업이 고도화되면서 기술, 지식, 브랜드 등 무형자산의 중요성이 높아졌다. 21세기 디지털 시대 기업의 핵심 자산은 무형자산 중에서도 데이터와 알고리즘으로 진화하고 있다. 나아가 경계의 종말 현상은 가치 사슬에도 영향을 미치고 있다. 기업의 사업 모델, 상호간 협력 방식, '연구 개발-제조-유통'의 프로세스 전반에 걸친 융합과 재편이 일어나고 있다. 이러한 변화는 '센서-데이터-인공지능'으로 이어지는 연결 구조를 고리로 해서 물리적 세계와 디지털 세계를 연쇄적으로 순환하면서 확대 재생산된다.

산업 시대의 생산 활동은 아날로그 방식의 물리적 차원에서 이루어진다. 물리적인 원재료를 조달해 생산 과정에 투입되면서 시작된다. 일종의 블랙박스인 생산 과정은 업종, 설비, 제품의 종류에 따라 각각의 특성을 지닌다. 생산 과정을 거쳐 제품이 만들어지면 공장에서 출고해 창고에 보관한다. 이후 물류 기능을 통해 소비지로 이동하고 판매 과정을 거쳐 소비자에게 인도되고 대금을 회수한다. 판매 후 발생하는 고객의 문제 제기에는 사후 관리 서비스(AS, After Service)를 제공한다. 이때 원재료 투입에서 생산, 판매, AS에 이르는 전 과정을 가치 사슬(Value Chain)로 표현한다.

가치 사슬의 기본 구조는 동일하지만 실질적으로는 계속 변하는 역동적 구조다. 이는 원재료 조달 원가, 생산기술, 물류 체계, 시장가격, 경쟁 구도가 끊임없이 변동하기 때문이다. 따라서 기업의 경쟁력은 가치 사슬 전체를 구성하고 개선하는 과정에서 축적된다. 만약 외부 변화에 맞추어 내부 가치 사슬을 변화시키지 못한다면 경쟁력이 상실되고 시장에서 물러나야 한다. 그러나 외부 변화에 선행해 내부 가치 사슬을 변화시키면 시장의 주도권을 확보하거나 강화할 수 있다.

아날로그 시대의 가치 사슬은 기본적으로 원재료에서 최종 제품이 산출되는 물리적 과정이다. 그러나 디지털 시대에는 데이터 자산을 투입하고 알고리즘을 거쳐 가치를 창출하는 디지털 프로세스로 중심이 이동한다. 이러한 디지털 프로세스는 사업의 특성에 따라 그 자체만으로 가치 사슬 전체를 구성하는 경우도 나타난다. 디지털 사업 영역인 동영상 스트리밍, 온라인 게임, 포털, SNS가 대표적인 사례다. 이들은 투입과 산출에 이르는 프로세스 전체가 디지털 구조다. 서버에 소비자들이 접속하면 탑재한 콘텐츠를 서비스해주는 구조로서 물리적 영역이 아예 존재하지 않는다.

또한 디지털 프로세스는 아날로그 프로세스와 결합되기도 한다. 기존 아날로그 기업들이 디지털 기술을 접목하는 경우가 대부분이다. 소매 유통 산업은 상품의 물리적 이동을 전제로 한다. 온라인 사업자라도 주문 이후에 상품 조달과 배송은 물리적 경로를 타야 한다. 이미 몇몇 기업들은 조달, 판매, 배송 등에 이르는 전 과정에 디지털 기술을 접목한 디지털 프로세스를 결합시켜 전체 가치 사슬을 구성해 효율을 높이고 있다. 이러한 결합 모델은 산업 전체가 디지털 시대에 적응하는 지향점이다. 제조업의 경우 물리적 세계의 실물과 동일한 디지털 세계의 정보를 구축하는 디지털 트윈(Digital Twin)을 구성해 '물리-디지털-물리(PDP, Physical to Digital to Physical)'의 순환 구조로 '설계-생산-유통'에 이르는 전체 프로세스의 효율성을 높이는 방향으로 진화하고 있다.

아날로그 시대의 기업이 유형자산의 집합이라면 디지털 시대의 기업은 무형자산 중에서도 데이터와 알고리즘의 집합으로 진화하고 있다. 이처럼 기업 경쟁력의 핵심이 알고리즘과 데

디지털 시대의 구조

데이터 → 알고리즘 / 플랫폼 → 가치

아날로그 시대의 구조

원재료 → 생산, 유통 등 전 과정 / 공장 → 가치

아날로그+디지털 융합

이터로 이동하는 현상은 향후 기업에서 중요한 재산권의 개념
도 사이버 자산으로 확장되고 있음을 반증한다. 정보혁명은 무
형자산의 가치를 증폭시켰고, 디지털 시대에서 무형자산은 알고
리즘과 데이터로 가치 중심이 이동하고 있다. 미래에 기업의 성
장과 발전은 알고리즘과 데이터 영역에서의 경쟁 우위에 기반해
생겨날 것으로 예측되면서 기업 전략의 핵심 영역으로 부각되고
있다.

예를 들어 글로벌 유통시장의 지존인 아마존 경쟁력의 핵심은
고객별로 제안하는 역동적인 가격 책정 알고리즘이다. 경쟁자
와의 격차를 확대하기 위해 알고리즘의 적용 범위를 더욱 확장
하고 있다. 2014년 10월 아마존은 '정원 용품을 식별하고 추천

하는 기술' 특허를 취득했다. 소비자들이 정원의 사진을 찍어서 보내면 이를 분석해서 적절한 재배식물을 제안하는 서비스이다. 제안한 식물 재배에 필요한 도구의 추천이 곁들여진다. 또 수확한 농작물 사진을 보내면 이를 분석해서 관련된 요리 조리법을 알려준다. 추가로 구매할 식재료와 양념, 조리 도구의 구입 제안이 뒤따른다. 제품 가격, 소비자 행동 분석, 라이프 분석 등으로 확장되는 이러한 알고리즘의 집합이 아마존 경쟁력의 핵심이다.

그뿐만이 아니다. 또한 글로벌 콘텐츠 유통시장의 변화를 주도하고 있는 넷플릭스의 경쟁력도 고객의 시청 습관 데이터를 분석해 선호하는 콘텐츠를 제안하는 알고리즘에 기반한다. 최근 급부상하고 있는 스타트업들의 경쟁력도 주력 사업의 영역에서 확보한 알고리즘 덕분에 우위에 있는 경우가 많다.

DT, AI는 목적이 아닌 도구다

.

미국 샌프란시스코 컴퓨터 역사박물관(Computer History Museum) 입구에는 "우리는 도구를 만들고, 다시 도구는 우리를 만든다.(We shape our tools, and then our tools shape us.)"라는 글귀가 방문객을 맞이한다. 20세기 캐나다의 미디어 학자였던 마셜 매클루언(Marshall McLuhan, 1911~1980)의 통찰이다. 그는 "바퀴는 발,

의복은 피부, TV는 눈, 전자회로는 신경계의 확장"이라며 도구를 인간 한계의 확장으로 이해했다. 이처럼 도구는 문명의 발달에 따라 유형적 실체에서 무형적 시스템으로 진화했다.

원시 상태의 인류는 나약한 존재였다. 힘도 약하고 빨리 뛰지도 못하는 데다 날카로운 이빨도 없다. 그러나 30만 년 전 불을 사용하게 되면서 밤과 낮, 여름과 겨울의 기온 차이를 극복해 생존율이 높아졌고, 야간에 맹수들의 습격에 대비할 수 있게 되었다. 음식을 불에 익혀 먹으면서 식재료의 범위가 넓어졌고 거주 지역도 확장되었다. 익힌 음식은 소화가 잘되기에 적은 양을 먹어도 활동하기에 충분했고 먹는 시간도 줄어들었다(불을 사용하기 전의 구석기인들이 채집해서 먹던 분량의 과일과 채소를 먹으려면 잠자는 시간을 제외하고는 하루 종일 먹고 있어야 한다. 실제로 야생의 유인원들은 하루 종일 먹는 데 시간을 쓴다). 무엇보다 익힌 음식을 먹으면서 영양분이 풍부해지면서 창자가 짧아지고 뇌 용량이 커졌고 지능이 생겨나면서 도구를 만들고 협력하는 능력이 생겨났다.

불이라는 도구를 발견해 동물과 구별되는 능력을 가지게 된 인류는 1만 2천 년 전 메소포타미아에서 시작된 농업으로 새로운 전기를 맞았다. 수렵과 채집으로 떠돌던 인류는 특정 지역에 정착해 매년 일정한 식량을 생산하면서 안정된 생활을 이어나갔다. 500년 전의 과학혁명과 300년 전의 산업혁명은 물질적 기반을 새로운 차원으로 끌어올렸다. 자연에 종속되던 생산의 개념을 인간 창의성의 범위로 끌어들였으며, 자연에 존재하지 않는 물질을 생산하고 가공해 일상에 사용하게 되었다. 마지막은 100여 년 전 시작된 전자 정보혁명이다. 특히 20세기 후반에 본격적으로 발전한 정보 기술은 인간의 두뇌 작업을 대신했고, 21세기에 본격적으로 발달하고 있는 인공지능은 인간 고유의 영역으로 간주되어온 추론과 창의성 부분까지 대체하고 있다.

이러한 관점에서 '문명의 발전'을 '도구의 확장'으로 이해하기도 한다. 불, 석기, 철기와 같은 물질적 도구도 있지만 언어, 문자, 수학과 같은 논리적 도구도 존재한다. 전자 기술의 발달로 영상, 음향 등 감성적 도구에서 정보혁명으로 컴퓨터, BPR, 프로세스 등 지능적 도구로 확장되었다. 동일한 맥락에서 디지털 기술도 새로운 시스템의 기반이 되는 도구다. DT(Digital Transformation, 디지털 트랜스포메이션)의 도구적 측면을 강조하는 이유는 크고 중요한 변화일수록 이해하고 대처하기 어렵다 보니 그 자체를 목적화하는 일종의 착시 현상도 부분적으로 나타나기 때문이다.

지구상에 존재하는 모든 생명체의 목표 함수는 생존과 번식이다. 마찬가지로 기업을 포함해 국가, 종교 등 모든 조직의 목표 함수는 생존과 성장이다. 시장경제에서 기업의 생존과 성장은 궁극적으로 매출 증가와 이익 실현으로 집약된다. 최근 부각되고 있는 고객 만족, 사회적 책임 등도 매출과 이익이라는 중간 경로를 거쳐 최종 목표 함수인 생존과 성장을 달성하기 위함이다. 고객 만족, 사회적 책임 등으로 표방하고 있는 바람직한 덕목들도 매출과 이익과의 직간접적인 연계 없이는 장기적으로 의미를 가질 수 없다.

이를 개념적으로 나타내면 다음 페이지 도표와 같다. 생존과 성장이라는 목표 함수를 달성하기 위한 2가지 동인은 매출과 이익이고, 이를 위해 기업은 다양한 도구들을 활용한다. 그리고 이러한 도구들을 활용해 강화하려는 특성은 시장과 고객에 대한 정확한 정보의 획득, 환경 변화에 대한 유연한 대처 능력, 투입과 산출의 상대적 비율을 높이는 효율성이다. 이런 측면에서 DT와 AI도 문명 발전과 기업의 생존 함수 측면에서 철저한 도구이고 수단이다. DT 추진의 필요성도 기업의 생존과 성장이라는 목표 함수를 추구하기 위해서이고, 적용 범위가 급속히 확장되고 있는 AI도 마찬가지로 기업의 내부 기능과 접목해 매출과 이익을 높이기 위해서 필요하다.

DT와 AI가 목표가 아닌 도구이자 수단이라는 당연한 이야기를 하는 이유는 의외로 기업 내부에서 목표와 수단을 혼동하는 경우가 다반사이기 때문이다. 리더십이 대표적이다. 유교에 기반한 동양적 리더십의 맥락에서 일부는 리더십 자체를 자기 수양의 덕성을 발휘하는 목적처럼 이야기한다. 그러나 리더십도 철저히 조직의 목표 함수를 달성하기 위한 수단이다. 군인의 리더십은 전투에 승리하기 위해서고, 정치의 리더십은 국가 번영을 위해서다. 소위 인품과 덕성이 훌륭해 부하의 존경을 받는 군

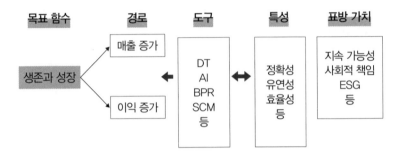

대의 지휘관이 막상 전투에서 백전백패한다면, 그 리더십은 아무 의미가 없다. 마찬가지로 기업에서 발휘되는 리더십도 생존과 성장, 매출과 이익에서 거리가 멀다면 무의미하다.

그러나 인류 역사에서 도구가 언제나 환영받지는 않았다. 불, 농업, 과학기술과 기계, 컴퓨터에 이르기까지 인간이 만든 도구의 도입은 모두 일정한 갈등과 다툼의 과정이 불가피했다. 기존 질서에 변화를 가져오는 새로운 도구와 기술은 피해자와 수혜자를 만들기 마련이고, 기존 질서에서 이익을 받던 사람들은 사회적으로 조직되어 있기에 다양한 형태의 적대감과 반발은 자연스럽게 일어난다. DT와 AI도 마찬가지다. 이해가 부족하기 때문에 생기는 두려움, 자신의 입지에 위협이 예상되기에 발생하는 거부감 등이 생긴다. 그러나 역사적으로 새로운 도구를 적절한 시기에 도입하지 못하는 조직과 개인이 쇠퇴했듯이 현재의 DT와 AI도 동일한 선상에서 봐야 한다.

기업에게 DT와 AI는 목표 함수를 달성하기 위한 수단이자 도구이며, 현시점에서 각자의 입장에서 이해하고 적용해야 하는 새로운 도구라는 점을 분명히 이해할 필요가 있다.

디지털 시대의
사업 모델 혁신 방향

디지털 사업 모델 혁신의 3단계

아날로그 시대의 물리적 생산과 소비의 패러다임이 디지털 시대
에는 사이버 개념으로 바뀌었고 데이터와 알고리즘이 핵심 자산
이 되었다. 그리고 최근 급속하게 발전한 AI(Artificial Intelligence,
인공지능)가 알고리즘에 적용되면서 이러한 변화가 가속화되고
있다. 이는 시장구조, 사업 모델, 프로세스에 이르는 격변으로
발생하는 산업 주도권의 재편으로 이어지면서 기업 혁신은 제
품, 프로세스, 사업 모델의 3가지 차원으로 전개되고 있다. 디지

털 관점에서 제품과 서비스를 재정의하고 새로운 관점에서 제품과 서비스를 개발하는 혁신과, 데이터와 알고리즘을 가치 사슬 전반에 적용해 효율성을 높이는 프로세스 혁신, 기존 아날로그 사업 모델에 디지털 기술을 접목해 디지털 시대의 사업 모델을 창출하는 혁신이다.

기존 아날로그 기업들이 혁신의 필요성에는 공감하면서도 구체적 방향 설정에 어려움을 겪는 이유는 전술적 차원의 제품 및 프로세스 혁신과 전략적 차원의 사업 모델 혁신이 동시에 추진되어야 하기 때문이다. 대다수의 우리나라 기업들이 해당되는 아날로그 사업 모델 기업들은 디지털 시대에 재편되는 사업 모델을 기준으로 전략적 포지션을 모색할 필요가 있다.

STEP 1: 업의 본질 재해석

아날로그 시대에는 산업을 전기 전자, 철강, 화학 등 생산의 기술적 기반으로 분류하고, 가치 사슬 단계에 따라 연구 개발, 생산, 유통, 서비스 등으로 구분했다. 하지만 플랫폼 개념이 출현하고, 기존 산업의 경계가 허물어지면서 전통적 분류 방식은 한계에 봉착했다. 과거 전자 회사가 화학 부문으로 진출하고 제조 기업이 유통업으로 확장하는 사례를 다각화의 관점으로 이해했지만, 이를 플랫폼 사업자들의 사업 모델에 적용하기는 어렵다.

이런 배경에서 '업의 본질'을 재정립하는 차원의 사업 모델 혁신이 필요하다. 기존 산업의 경계가 허물어지면서 재편되는 디지털 시대의 사업 모델은 인프라 공급자(Infrastructure Provider), 플랫폼 조직자(Platform Organizer), 신뢰의 조언자(Trusted Advisor), 제품 제조자(Product Maker)의 4가지 유형으로 분류된다.

STEP 2: 디지털 시대 4가지 유형의 사업 모델 관점 접근

인프라 공급자

대규모 설비 집적으로 규모의 경제를 확보해 고정비를 분산시키고 프로세스를 효율화하는 사업 모델로 연구 개발, 설계, 제조, 유통에 이르는 가치 사슬의 각 단계에서 서비스를 제공한다. 물류의 페덱스(Fedex)와 디에이치엘(DHL), 생산 설비의 플렉트로닉스(Flextronics), 결제의 페이팔(Paypal), 크라우드 펀딩의 킥스타터(Kickstarter) 등이다.

온라인 유통의 경우 일본의 클래식 음악 애호가가 영국의 중고 음반 판매점에서 직접 LP를 구입하고, 아프리카 수공예품을 유럽에서 택배로 수령하는 모습은 일상이 되었다. 사용자 입장에서는 스마트폰 클릭 한 번으로 주문과 결제, 배송 확인이 실시간으로 진행되는 간단한 과정이지만, 이면에는 글로벌 인프라가 뒷받침되어야 가능하다. 주요 시장은 디지털 시대에 대거 출현해 소규모로 글로벌 사업을 전개하는 마이크로 글로벌 기업들이다. 또한 글로벌 대기업들도 핵심 역량 이외 부분들을 아웃소싱하는 추세가 더욱 확산되고 있다.

| 디지털 시대 재편되는 4가지 사업 모델 |

인프라 사업자 (Infrastructure Provider)	페덱스, DHL, 페이팔, 파페치 플렉트로닉스, 킥스타터
플랫폼 조직자 (Platform Organizer)	이베이, 아마존, 엣시, 페이스북, 우버, PCH, 트위터, 인스타그램, 에어비앤비, 이노센티브
신뢰의 조언자 (Trusted Advisor)	트립어드바이저, 스티치픽스, 런업, 렌트더런웨이, 업워크, 익시고
제품 제조자 (Product Maker)	GM, GE, 포드, 토요타, 지멘스, 삼성, LG, 현대차

플랫폼 조직자

시장의 광범위하고 다양한 참여자들을 네트워크로 연결시키고 상호작용을 통해 가치를 증폭시키는 사업 모델이다. 이베이(e-Bay), 아마존(Amazon), 엣시(Etsy) 등 온라인 유통에서 출발해 페이스북(Facebook), 트위터(Twitter), 인스타그램(Instagram) 등의 SNS로 확장되었다. 이후 에어비앤비(Airbnb), 우버(Uber) 등 부동산이나 자동차와 같은 전통적 고정자산을 연결시켜 활용도를 높이는 플랫폼으로도 확대되었다.

플랫폼 사업자들은 스타트업 단계에서 플랫폼을 전제로 사업 모델을 구상한다는 공통점이 있다. 기존 기업은 '연구 개발-생산-판매'에 이르는 전체 프로세스를 일관 운영하는 특성상 다양한 외부 참여자들의 자원을 결집해 부가가치를 창출하는 새로운 아이디어에 착안하기 어려웠기 때문에 플랫폼 조직으로의 전환은 힘들다.

2001년 설립된 이노센티브(InnoCentive)는 크라우드소싱 방식의 글로벌 연구 개발(R&D) 플랫폼이다. 기업의 과제를 사이트에 공개하면 전 세계 과학자, 연구자들이 문제 해결에 나서고, 성공하면 100만 달러까지 상금을 지급한다. 1989년 엑슨모빌의 유조선이 알래스카에 좌초하면서 유출된 기름이 얼음과 섞여 젤리 상태로 굳어버려 심각한 환경문제가 발생했다. 17년간 풀지 못하던 난제는 현상금 2만 달러에 이노센티브에 공개된 후 불과 3개월 만에 시멘트 회사 엔지니어인 존 데이비스의 아이디어로 문제가 해결되어 유명세를 얻었다.

신뢰의 조언자

네트워크 효과를 활용한 공급자의 시장 도달 범위가 글로벌 차원으로 넓어지면서 수요자들의 선택도 복잡해지는 상황에서, 신뢰의 조언자 모델은 소비자들에게 신뢰성 높은 대안을 조언한다. 식료품, 식당과 같은 일상적 구매 품목에서 해외여행 등 특별한 이벤트에 이르기까지 고객이 원하는 대안을 추천한다. 또한 총체적인 구매 경험을 결합해 새로운 선택을 제안하기도 한다. 예를 들어 고객의 식료품 구매와 사용하는 운동기구를 모니터링해 사전에 건강검진을 추천하거나 생활 습관 변화를 권고하는 방식이다. 과거에도 쇼핑 대행, 금융 상품 등에서 오프라인 추천 서비스는 존재했지만 개별 서비스 비용이 높았고, 고객과 시장 정보의 한계로 매력도가 낮았다. 그러나 디지털 시대에는 네트워크 효과로 축적되는 고객 정보를 활용해 저렴하게 서비스를 제공한다.

전 세계 여행자들이 사용하는 트립어드바이저(TripAdvisor)는 여행 안내서를 대체했다. 사용자들은 스마트폰으로 여행지 주변의 명소와 맛집을 검색하고 실시간으로 방문자 후기를 참고하면서 여행을 즐긴다. 특히 기존 여행 안내서처럼 정보를 수집해 배포하는 방식이 아니라 참가자들이 스스로 사진과 경험담을 업로드하는 방식으로 단기간에 방대한 분량의 정확한 정보를 축적할 수 있었다. 미국의 스티치픽스(Stitch Fix)는 가입자들에게 의류, 신발, 액세서리 등 스타일링을 조언한다. 신장, 몸무게, 스타일, 가격대 등을 분석해 남성 30개, 여성 250개 브랜드 중에서 선별한 5가지 품목을 무료 배송하면, 가입자는 마음에 드는 품목을 구입하고 나머지는 반송하는 방식이다. 1회 서비스 비용은 20달러지만 1가지 이상 물품을 구매하면 공제된다.

제품 제조자

제너럴모터스(GM), 제너럴일렉트릭(GE), 토요타(Toyota), 지멘스(Siemens)를 비롯해 삼성, LG, 현대차, SK 등 현존하는 대다수 주요 기업들이 이 유형이다. 기술 개발, 제품 혁신, 마케팅 등 가치 사슬의 일관된 운영 역량이 주요 경쟁력이다. 포드 자동차의 컨베이어와 맥도널드식 표준화의 결합으로 상징되는 대량 생산 대량 소비 시대에는 전후방 통합이 시대정신이었다. 20세기 초반에 포드는 타이어 생산 원료를 공급하기 위해 말레이시아 고무 농장을 소유했을 정도였다.

하지만 1980년대 확산된 정보혁명으로 가치 사슬의 해체가 진행되어 연구 개발, 생산, 마케팅 등 핵심 분야에 집중하고 기타 영역은 아웃소싱하는 형태가 확산되었다. 가치 사슬의 해체라는 트렌드에서 제조에 특화해 성장한 대표적인 회사가 애플 제품을 생산하는 대만의 폭스콘이다.

STEP 3: 아날로그 사업 모델에서의 디지털 관점 융합과 진화

디지털 시대의 특징은 가속적 변화, 불확실성의 증폭, 상시적 불안정이다. 아날로그 시대의 정적인 안정성은 역동적 안정성(Dynamic Stability)으로 개념이 변화했다. 움직이는 상황에서 계속 균형을 잡는 자전거 타기와 같은 존재 방식이다. 액체와 같은 유동적 기업 환경에서는 사업 모델도 지속적으로 혁신해야 변화를 따라갈 수 있다. 디지털 시대를 주도하는 기업들을 유형별 사업 모델 관점에서 보면 특정 영역에서 출발해 진화하면서 다른 모델과 융합하는 현상이 두드러진다.

오프라인 사업의 진화

밸브(Valve)는 기존 사업 모델을 혁신해 세계 최대의 게임 플랫폼으로 성장했다. 1996년 설립되어 오프라인 판매 CD롬 게임 시장에서 입지를 다졌고, 네트워크 게임이 부상하자 2004년 게임 유통 플랫폼인 스팀(Steam)을 구축했다. 자사 게임을 판매하는 온라인 보조 채널로 도입된 스팀은 2010년대 초반 오프라인 게임 유통망이 붕괴하면서 주도적 플랫폼으로 떠올랐고, 현재 1만 6천 개의 게임이 유통되고 있다.

우리나라에도 진출한 넷플릭스(Netflix)는 1997년 오프라인 비디오 대여 사업으로 시작했다. 당시 시장 지배자였던 블록버스터(Block-buster)와의 차별점을 온라인 주문과 우체국 택배를 결합한 편리성에서 찾았는데, 시간이 지나 영상물 유통이 온라인 스트리밍으로 전환되면서 플랫폼 사업 모델로 진화했다. 현재 스트리밍 기술과 고객 데이터를 활용한 추천 기능에서 발생하는 경쟁력은 플랫폼에 신뢰의 조언자가 융합된 사업 모델이다.

플랫폼 조직자 + 인프라 공급자

아마존은 1994년 온라인 서점으로 출발해서 '세상 모든 것을 판매하는 온라인 쇼핑몰'로 성장했다. 글로벌 유통 공룡이면서 동시에 글로벌 크라우드 서비스 시장의 최강자다. 2002년 출범한 아마존 웹 서비스(AWS)는 매출의 10%에 불과하지만 영업이익의 70% 이상을 벌어들이는 알토란 사업이다. 1990년대 후반 급중하는 여타 온라인 사업자들이 시스템 구축과 운영에서 겪는 어려움에서 사업 기회를 포착하고 아마존은 AWS를 독립 사업부로 출범시켜 오늘날 글로벌 시장점유율 절반에 육박하는 사업으로 성장했다.

플랫폼 조직자 + 신뢰의 조언자

렌트더런웨이(Rent the Runway)는 2009년 연회용 드레스를 사용일에 따라 빌려주는 렌털 사업으로 시작해 8년 만에 600만 명이 하루 10만 벌을 이용하는 기업 가치 8억 달러의 사업으로 성장했다. 한 벌당 평균 30회의 회전율을 기록하면서 패션 산업의 개념을 바꾸고 있다. 사업이 본궤도에 접어들면서 드레스에 어울리는 액세서리를 포함하는 솔루션 제안 개념으로 확장한 후에는 제품 고객 데이터를 인공지능으로 분석해 개별 맞춤형 패션을 제안하는 신뢰의 조언자 모델로 진화했다. 단순한 렌털 사업은 경쟁자가 따라 하기 용이하지만 빅데이터 분석에 기반해 패션 솔루션을 제안하는 모델은 따라 하기가 어렵다.

제품 제조자 + 플랫폼 조직자

디지털 시대의 아이콘 애플도 출발은 제품 제조자였다. 1976년 설립되어 개인용 컴퓨터를 주요 제품으로 내세워 그래픽 분야를 중심으로 독자적 영역을 구축했으나 시장 주도자와는 거리가 멀었다. 플랫폼 사업 모델로의 전환 계기는 2001년 디지털 허브 전략으로 추진한 MP3 음악 재생기기인 아이팟과 음악 스트리밍 서비스인 아이튠즈의 결합에서 만들어졌다. 이후 아이폰으로 확장한 애플의 사업 모델은 제품 제조자의 지위를 유지하면서 플랫폼을 결합시킨 모델이다.

디지털 사업 모델로 혁신하기 위해서는 기존 사고방식의 한계, 오랜 기간 누적된 관행 등의 산적한 과제를 해결해야 한다. 우리나라 기업들은 현금 흐름이 양호하고 우수한 인력과 자원을 확보하고 있어, 사업 모델 혁신을 통해 21세기에도 성장을 지속할 여지는 충분하다. 중요한 것은 관점의 전환이다.

포뮬러 원 최강자 맥라렌 팀의 디지털 트윈

자동차는 아날로그 시대 제조업의 대표 주자다. 기계, 금속, 화학 등 광범위한 기술이 적용된다. 자동차 경주는 이러한 제조업의 기술이 압축된 경주 차들이 벌이는 향연이다. 포뮬러 원(Formula One)은 프랑스 파리에 본부가 있는 국제자동차연맹(FIA, Federation Internationale de l'Automobile)이 인가한 자동차 경주의 가장 높은 등급이다. 지구상에서 가장 빠른 서킷레이스로서, 참가 팀이 운전석 하나에 바퀴 4개 전체가 외부로 노출된 오픈 휠 형식의 차량을 직접 제작한다. 경기장 관중 수는 연간 400만 명,

전 세계 TV 시청자는 연간 23억 명으로 현존하는 최대 규모 스포츠다. 차량 1대당 제작 비용이 100억 원을 상회하며, 경기장 현장 요원 50여 명에 차량 설계와 제작을 담당하는 엔지니어를 포함해 500명 내외로 구성된 팀 전체의 1년 운영비도 수천억 원에 이른다. 극한의 성능을 겨루는 고속 주행에서 경쟁자를 앞서기 위한 창조적 혁신들이 오늘날 일반용 자동차의 표준으로 도입되었다. 전륜구동, 전자식 제어, 반자동 기어 박스, 디스크 브레이크, 리어 스포일러 등이 대표적이다.

1천 분의 1초를 다투는 포뮬러 원의 경주용 차량 제작은 아날로그 시대에 최고 수준의 엔지니어들이 결집하는 제조 기술의 첨단이었다. 디지털 격변의 시대를 맞아 포뮬러 원은 차량 제작과 레이싱에 이르는 전체 과정을 '물리-디지털-물리(PDP)'의 디지털 트윈 구조로 진화하고 있다. 포뮬러 원 전통의 강자 맥라렌(McLaren)이 디지털 트윈을 선도적으로 적용한 사례는 제조업의 미래 방향성을 제시한다.

빅데이터 분석으로 이루어지는 제조 사이클 혁신

맥라렌 팀은 매년 2대의 차량을 만들어 20여 회의 그랑프리에 참가한다. 1년 주기로 신차를 설계하고 완성품을 만든다는 점에서 자동차 제조업이 본질이다. 일반적인 대형 자동차 회사가 3~5년을 주기로 진행하는 작업을 맥라렌은 매년 수행한다.

포뮬러 원 그랑프리가 개막되어 신차가 경주에 나서는 3월부터 다음 해의 차량 설계가 시작된다. 경기장에서 운행되는 차량에서 산출되는 데이터를 분석해 즉각 설계에 반영한다. 매년 1만 6천여 개의 부품을 재설계하는 설계팀의 CAD는 10분마다 새로운 도면이 나오는 속도로 급속하게 진행되는 과정이다. 8월에 있는 2주간의 경기 중단 기간 동안에 데이터를 심층적으로 재점검한 뒤 엔지니어링이 본격적으로 시작된다. 시험용 부품을 발주하고 수령한 부품의 성능을 시험하면서 설계의 완성도를 높인다. 12월에는 신차의 부품 설계가 완료되고 1월 말에는 시제품이 만들어진다. 2월에는 신차의 테스트 주행을 실시해 문제점을 점검하고 필요한 보완을 거치는 과정이 3월의 그랑프리 개막 직전까지 진행된다. 사실상 완전히 새로운 경주용 차량이 '설계-제작-시험-완성'되는 과정이 매년 반복된다.

이처럼 제조 사이클을 단축시킬 수 있는 이유는 완제품 출시와 동시에 개선점을 파악하고 설계에 반영해 부품 발주와 시제품 생산이 함께 이루어지는 프로세스 통합을 빅데이터 기반으로 진행하기 때문이다. 또한 최종 생산품이 2대뿐이기 때문에 설계 과정에서 시험용으로 생산되는 부품들은 6개 내외의 소량이다. 차량의 모든 부품들이 끊임없이 재설계되고 시험되는 과정에서 필요한 우수한 품질의 부품들을 신속하게 '조달-시험-보완'하기 위해서 신소재, 3D프린팅, 데이터 분석 등 첨단 기술을 이해하고 적용하는 역량이 필수다.

디지털 트윈, 실물과 데이터의 일체화

디지털 트윈(Digital Twin)은 현실의 물리적 세계에 존재하는 사물의 정보를 디지털 데이터로 변환시켜 사이버에 존재하는 쌍둥이를 만들고 이를 통해서 설계, 제조, 운영 등 제품의 라이프 사이클 전체를 관리하는 접근 방식이다. 맥라렌은 경주용 차량에 대한 정교한 디지털 트윈 모델을 실행한다.

차량에 적용되는 모든 부품과 자재는 작업 지시서에 따른 개별 부품 번호에 대응해 관리되고 추적된다. 개별 부품들에도 RFID 칩을 삽입해 제조 시기, 장착 시기, 사용 기간 등이 실제 운행 데이터와 연계되어 관리된다. 시스템은 어떤 부품도 유효 수명 혹은 설계 한계를 초과해 사용되지 않도록 이동 거리, 출발한 횟수, 부품이 차량에 장착되었던 시간을 자동으로 기록하고 데이터로 관리한다.

1만 6천 개 부품의 개별 위치와 수명 추적은 그 자체로 방대한 분량의 데이터를 생성한다. 하지만 차량의 성능은 개별 부품의 단순한 모음이 아니라 유기적으로 연결되고 최적화되어 상호작용하는 가운데 발휘된다. 맥라렌은 제조 과정에서 디지털 트윈으로 만들어진 시스템의 정교한 시뮬레이션을 통해서 전체 성능이 극대화되는 조합을 찾아나간다. 맥라렌의 시뮬레이션 프로그램에는 과거 경주의 모든 드라이버, 차량 정보, 사건 사고 등 확보 가능한 모든 정보가 입력되어 있다. 이를 바탕으로 시제품이 나오기 전에 실제 경기장의 상황을 입력하고 시뮬레이션을 시작해 디지털 세계에서의 자료를 축적한다. 차량의 성능, 경기장별 주행 전략 등 다양한 측면에서 시뮬레이션을 진행하고 분석하는데, 연간 5만 회 정도가 진행된다. 시뮬레이션을 통한 최적화 과정에서 AI를 활용하고 있으며 그 역할이 커지고 있다.

디지털 기술과 인간 창의력의 결합

다양한 첨단 기술을 활용하는 와중에도 맥라렌 팀의 프로세스에는 숙련된 기술자들이 주도하는 수작업 요소가 많이 존재한다. 차량에서 탄소섬유를 적용한 차체, 프런트 윙, 리어 윙 등의 제작은 수작업의 비중이 높은 공정이다. 또한 차량 성능의 최적화 과정에서 데이터 분석만으로 검증하기 어려운 사항에 대해서는 경험 많은 기술자들의 감각과 판단이 문제 해결에 중요한 요소가 된다. 혁신의 여러 부분이 팀원들의 인간적인 능력과 첨단 기술의 협력 시스템에서 비롯된다.

인간의 숙련된 경험과 감각은 차량의 운영과 모니터링에서 중요한 역할을 한다. 시제품의 시험 주행 동안 500여 가지의 차량 관련 데이터를 집중적으로 수집한다. 모든 데이터는 실시간으로 주행장의 현장 상황실을 경유해 영국 오킹(Woking)에 위치한 공장으로 전달된다. 오킹 공장에서는 엔지니어들이 주행 차량의 작동 상태를 모니터링하고, 설계에서 기대한 성능과 실제 수치와의 차이를 평가한다.

맥라렌은 아날로그 시절에 축적한 전문가의 협업 구조를 디지

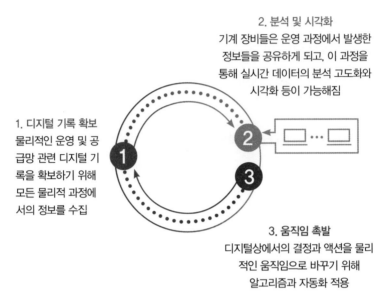

2. 분석 및 시각화
기계 장비들은 운영 과정에서 발생한
정보들을 공유하게 되고, 이 과정을
통해 실시간 데이터의 분석 고도화와
시각화 등이 가능해짐

1. 디지털 기록 확보
물리적인 운영 및 공
급망 관련 디지털 기
록을 확보하기 위해
모든 물리적 과정에
서의 정보를 수집

3. 움직임 촉발
디지털상에서의 결정과 액션을 물리
적인 움직임으로 바꾸기 위해
알고리즘과 자동화 적용

자료: 딜로이트 통합 조사 센터

털 시대에는 상호간 데이터 공유를 통해 시너지를 극대화하고 있다. 경기장에 위치한 현장 전문가는 경험에 기반해 상황 변화에 따른 대처에 집중하고, 후선의 전문가는 데이터 분석을 수행해 현장에 판단의 기준을 제공하는 협업 구조다.

자동차 특이점과 DX 사업 모델 혁신

디지털 격변이 진행되는 와중에 100여 년 전 미국 뉴욕 맨해튼 5번가의 부활절 아침을 촬영한 사진 2장이 유명세를 얻었다. 1901년 도로를 메운 마차들 사이에 자동차 1대가 홀로 달린다. 12년이 지난 1913년에는 반대로 자동차 행렬 속에서 마차는 자취를 감추었다. 1901년에 태어난 아기가 초등학교를 졸업하기도 전인 1913년에 길거리 풍경은 완전히 바뀌었다.

오늘날 우리는 당시 뉴욕에서 자동차 보급이 급속히 진행되었다고 생각하면 그만이지만 운송 사업 종사자들은 순식간에 성공과 실패, 생존과 몰락으로 운명이 갈리던 시간이었다. 실제로 마차 제조 기업과 마부들은 1865년 영국에서 제정된 '붉은 깃발

| 뉴욕 맨해튼 5번가 부활절 아침 |

1901년   1913년

자료: US National Archives

법(Red Flag Act)'을 선례로 자동차 통행을 필사적으로 반대했다. 붉은 깃발 법은 런던 도심을 운행하는 자동차는 60야드 앞에서 붉은 깃발을 들고 걸어가는 사람을 뒤따라야 한다는 규제법이었다. 급기야 1900년 뉴욕에서는 마부들을 중심으로 '안전한 마차'의 통행을 방해하는 '위험한 자동차'의 도로 주행을 규제하라는 시위가 발생했다.

마차 제조 기업들은 마부들의 생존권을 내세운 격렬한 시위를 적극적으로 지지했지만 윌리엄 듀런트(William Durant, 1861~1947)는 달랐다. 그는 1886년 25세에 마차제조회사(Flint Road Cart Company)를 설립해 미국 1위 기업으로 성장시킨 기업가였다. 시위가 일어나기 전까지 자동차는 심한 매연에 시끄럽고 위험하다고 생각해 아이들을 자동차에 태우지도 않았고 산업 자체의 전망에도 회의적이었다. 하지만 시위를 목격한 후 듀런트는 자동차 산업의 미래 가능성을 감지하고 행동에 나섰다. 1904년 초창기 자동차 회사였던 뷰익(Buick)을 인수해 경영하면서 산업을 이해한 후 1908년 GM(General Motors)을 설립했다.

GM과 함께 20세기 자동차 산업을 주도한 포드 자동차도 1903년에 설립되었다. 헨리 포드(Henry Ford, 1863~1947)가 천재 엔지니어로서 마차가 지배하는 기존 질서에 도전했다면 듀런트는 기득권의 대표 주자였다. 그럼에도 듀런트는 현재의 거리를 달리는 마차에 함몰되지 않고 미래의 자동차로 시야를 확장했다.

100여 년 전은 운송 산업의 주력이 마차에서 자동차로 이동하는 격변기였다. 마차 관련 산업에 종사하던 수많은 기존 사업자들이 서든 데스(Sudden Death), 갑작스러운 파국을 겪었고 동시에 자동차 분야의 신생 기업들이 새로운 흐름을 만들어나갔다. 요즘 표현으로 단기간에 급속한 변화가 진행되는 특이점(Singularity)의 시대였다.

시장과 고객의 본질을 통찰한 시어도어 레빗(Theodore Levitt, 1925~2006)은 「마케팅 근시안(Marketing Myopia)」에서 마차와 자동차가 상징하는 격변을 언급했다.

"자사의 특정 제품에만 관심이 제한되어 제품의 진부화를 보지 못한다. 마차용 채찍 산업이 전형적 사례이다. 자동차가 보급되면서 제품 개량에 아무리 노력해도 사양산업이 된다. 그러나 만약 자신의 사업을 채찍 제조업이 아닌 운송 관련업으로 규정했다면 생존 가능하다. 항상 필요한 것은 변화이다. 만약 사업을 이동 에너지에 자극이나 촉매를 제공하는 산업으로 정의했다면 자동차의 팬 벨트나 공기필터 제조업으로 변모했을지도 모른다."

GM 창업자의 변신은 DX(Digital eXchange)가 본격적으로 진행되는 격변기에 즈음해 기존 시각을 탈피해 사업의 본질을 재정의하라는 교훈이다. 그는 마차를 제품이 아닌 운송 수단으로 보았기에 마차의 동력원인 말을 대체하는 자동차의 엔진을 동일한 연장선에서 이해했다. 하지만 마차와 자동차라는 구분된 제품 개념에 매몰되었던 동종 사업자들은 시대 변화를 따라가지 못했다. 마찬가지로 현재 우리나라에서 미래의 생존과 성장을 위해 디지털 전환을 모색하는 수많은 아날로그 사업자들은 기존의 협소한 제품 개념을 벗어나 새로운 고객 관점에서 사업의 본질을 재정의해야 방향성이 보인다.

거대한 변화는 이해하기 어렵다

작은 파도는 눈에 보이지만 대양을 건너오는 거대한 쓰나미는 보이지 않는다. 육지가 가까워지면 파도 간격이 좁아지면서 눈에 보이기 시작하고 해변에 다다르면서 에너지가 폭발한다. 사회경제적 변화도 마찬가지로 클수록 감지하기 어렵다. 내부에서 변화의 에너지가 축적되지만 표면화되기까지 시간이 오래 걸리기 때문이다. 일단 시작된 변화의 방향은 일관되게 지속되며 명확하게 드러나는 순간부터 쓰나미와 같이 기존 구조를 휩쓸어 버린다. 이러한 변화를 미리 감지하기는 쉽지 않다. 역사적으로 큰 변화를 내다본 선각자일수록 고난을 겪는 사례는 비일비재하다. 최강의 공중 전투력을 자랑하는 미국 공군의 태동과 발전 과정에서도 발견된다.

현재 전 세계 공군력 순위에서 미 공군이 1위로 평가받는 상황에서 대적할 상대는 없다. 이렇듯 강력한 공중 전투력을 자랑하는 미군에서 100년 전 공군의 중요성을 이해하고 육성을 주장했던 장군은 군법회의에 회부되어 사실상 강제 예편된 사건은 아이러니할 수밖에 없다.

윌리엄 미첼은 1879년 태어나 1898년 미 육군에 입대해 통신 장교로 복무한다. 비행기에 흥미를 가져 38살에 비행 교육을 받고 파일럿이 되어 1917년 제1차 세계대전에 참전해 공중전을 경험한다. 종전 후 준장으로 진급해 프랑스 주둔 미 육군 항공단장이 된 미첼은 미래 전투력의 핵심은 공중 전력이라는 신념으로 육군, 해군에서 공군의 독립을 주장했다. 그의 주장은 기존 체제에서 공군이 추가된 3군 체제로의 변화를 반기지 않았던 육·해군 지휘부와 갈등을 불러일으켰다. 여기에 더해 당시 나무로 만든 2~3개의 날개를 가진 비행기가 대포, 기관총으로 무장한 거대 육군을 제압하고, 수만 톤의 해군 전함을 격침하기에는 역부족이라는 판단도 깔려 있었다.

정면 승부에 나선 미첼은 1921년 7월 비행기 폭탄 공격으로 폐기된 전함을 침몰시키는 공개 시범까지 보였으나 갈등은 더욱 커졌다. 1925년 10월 미첼은 상관 모독죄로 군법회의에 회부되었고 자격 정지를 받자 군을 떠났다. 1924년 보고서에서 "언젠가 일본은 태평양에서 우위를 걸고 미국과 전쟁을 불사할 것입니다. 일본의 전쟁 개시는 어느 날 동틀 무렵, 항공모함 함재기들이 은밀히 진주만, 스코필드 병영 및 항공기지를 공습하는 것으로 시작할 것입니다."라고 적었는데, 이 예언은 17년 후 현실이 되었다. 미첼은 1936년 세상을 떠났고, 제2차 세계대전이 끝난 1947년 미 공군이 창설되면서 명예 회복이 되어 '미 공군의 아버지'로 추앙받고 있다.

공교롭게 미첼보다 앞서 공군력의 중요성을 주장해 '현대 공군의 아버지'로 평가받는 이탈리아의 줄리오 두에 장군은 1916년에 군사재판에 회부되어 감옥살이까지 했다. 두 사람 모두 시대를 앞서간 혁신적 발상 때문에 현역 시절 고초를 겪었던 점에서 기존 사고방식의 두터운 벽과 변화를 거부하는 조직의 방어적 속성을 실감하게 된다.

인간의 신체가 외부 세균의 침입에 대항하기 위해 항체와 면역 시스템을 진화시킨 것과 마찬가지로, 인간이 만든 조직도 내부를 보호하기 위한 일종의 항체와 면역 시스템을 가지고 있다. 이런 배경에서 조직은 기존 질서에 변동을 가져오는 외부 자극에 본능적으로 거부반응을 일으키고 때로는 조직적 저항까지 일어난다. 이는 개인적 차원에서 변화로 인한 미래의 기대 이익은 모호한 반면 감수해야 하는 현재의 손실은 명확하기 때문이다.

조직의 리더가 변화를 시도하는 경우에도 '총론 찬성, 각론 반대'로 곤경에 처하는 경우가 비일비재한데, 일개 조직 구성원이 주장하는 변화는 사방팔방의 비난과 압력으로 질식사하는 것이 오히려 일반적이다. 하지만 격변의 시기에 변화를 이끌어 내야 하는 리더의 입장에서는 이러한 저항을 극복하는 변화 관리 전략이 필요하다. 중요한 것은 내부 항체를 우회해 반발을 최소화하는 데 있다. 변화를 추진하는 신생 조직을 소규모로 시작해 내부적으로 경계심을 불러일으키지 않으면서 독립적 운영으로 내부 역학 관계에서 가능한 분리시키는 방향이다. 인체에 침투하는 바이러스가 초기에 주변부로 침투해서 조심스럽게 면역 체계를 우회하면서 교두보를 구축한 다음 본격적으로 세력 확장에 나서는 것에 비유한 백신 전략의 개념이다.

4차 산업혁명이 본격적으로 진행되는 격변의 시기를 맞아 제조업 위주의 우리나라 기업들은 전방위적인 혁신을 추진하고 있다. 그러나 기존의 사고방식을 뛰어넘는 새로운 접근에 대한 조직 내부의 우려와 반발이 만만치 않은 현실에서 백신 전략은 유효한 경로다. 또한 조직의 리더는 미첼 장군의 사례에서처럼 내부에서 생성되는 혁신적 아이디어가 집단의 역학관계로 인해 사장될 가능성을 언제나 경계하고 긴장해야 한다.

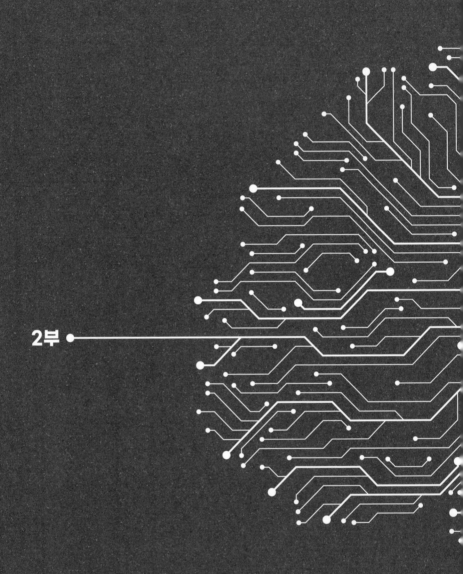

2부

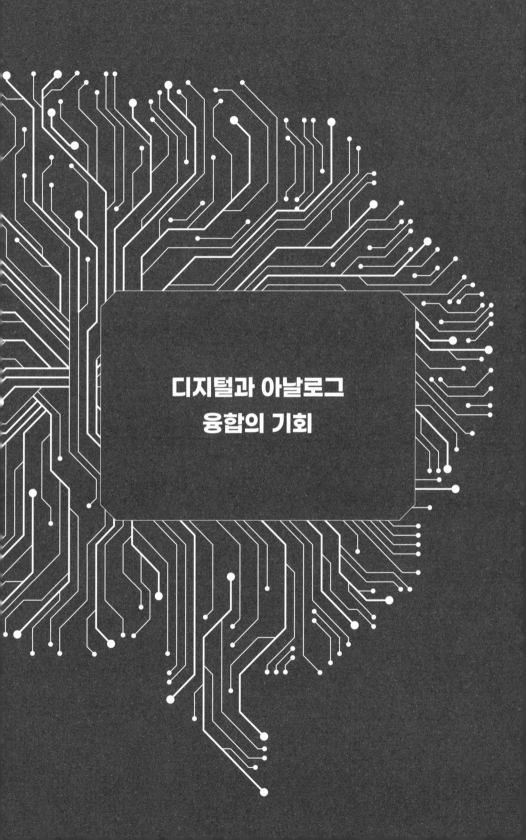

디지털과 아날로그
융합의 기회

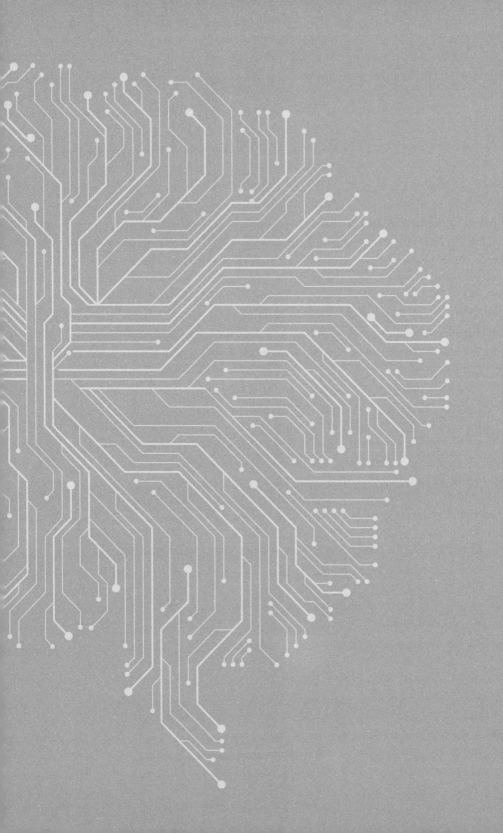

DT 전환에서
DX 융합으로 확장

AI PIVOTING

아날로그 디지털의 경계선에서 분출되는 에너지

동해의 울릉도와 독도 주변 해역은 난류(暖流)와 한류(寒流)가 만나는 조경수역(潮境水域)으로 물고기가 모여든다. 북극에서 남하한 차갑고 무거운 한류가 아래로 내려가고 적도에서 북상한 따뜻하고 가벼운 난류가 위로 올라가는 교차 현상으로 바닷물이 섞이면서 풍부해진 산소와 플랑크톤이 역동적인 생태계를 형성하기 때문이다. 전 세계의 주요 어장들은 공통적으로 해양 조류의 경계 권역에 위치한다.

바다의 난류와 한류 경계선에서 에너지가 분출되듯이, 역사적으로도 특정 문명이 다른 문명과 만나면서 조성되는 긴장과 갈등, 협력 관계를 통해 새로운 에너지가 생겨났다. 오랫동안 다른 문명과 접촉하지 않은 채 고대 이집트, 남아메리카의 잉카와 아즈텍은 독자적으로 높은 수준의 발전을 이룩했지만, 외부 문명과 만나면서 단기간에 쇠퇴했다. 여타 문명과의 교류를 통해 발전적 에너지를 만들지 못하면서 역동성을 상실한 경우다.

산업과 기술도 마찬가지다. 고대에 석기로 시작된 농업은 철기를 만드는 금속 기술이 접목되면서 생산성이 비약적으로 올라갔고, 봉건시대의 전통적 가내수공업은 증기기관이 도입되는 근대적 공장으로 변모하면서 산업혁명이 발생했다. 이처럼 기존의 산업은 다른 영역에서 발달된 새로운 기술과 경계선에서 만나고 섞이는 과정을 통해 새로운 지평으로 나아간다.

산업구조 변화의 관점에서 2020년은 아날로그 질서가 디지털 패러다임으로 전환되는 변곡점이었다. 21세기 초반부터 마른 땅에 물이 스미듯이 진행되던 디지털 전환은 2019년 말 중국에서 발원한 코로나19를 촉매제로 가속도가 붙었다. 방역을 위해 도입된 비대면, 언택트가 일상생활 전반으로 확산되면서 교육, 의료, 공공 부문 등 그나마 기존 아날로그 질서가 지배하던 영역들도 급속한 변화를 겪기 시작했다. 이러한 흐름의 연장선에서 2021년부터는 아날로그와 디지털이라는 서로 다른 세계가 교차하는 확장된 경계선에서 에너지가 분출되는 격변이 본격

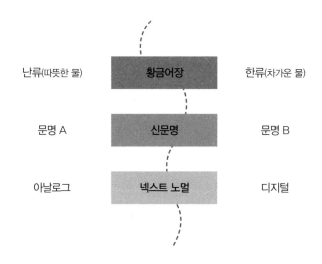

적으로 진행될 전망이다.

흔히 디지털 전환의 과정을 아날로그 산업의 쇠퇴와 디지털 산업의 약진이라는 단순한 구도로 접근하지만 실제로는 일방향이 아니라 쌍방향으로 다채롭게 진행된다. 디지털 전환에서 소위 구글, 아마존, 페이스북 등 기술 기업의 급성장은 1단계에서 가장 두드러지는 현상이다. 그러나 2단계에서는 기존 아날로그 질서에 소속되었던 전통적 산업과 기업들이 디지털 기술과 접목되어 사업 모델을 재정립하는 흐름이 확산된다.

현재 우리나라에서도 생활 밀착형 전통적 아날로그 서비스 산업인 세탁, 식당, 음식 배달, 주차장, 정육점 등 다양한 영역에서 디지털 기술을 활용해 고객 가치를 높이면서 사업을 확장시키는 사례는 비일비재하게 찾아볼 수 있다. 나아가 기존 아날로그 기업들이 보유한 유·무형의 자산을 활용한 디지털 혁신으로 신생 기술 기업들의 도전을 극복하고 재도약에 성공하는 사례도 속출할 예상이다.

기술과 제품의 수명 주기가 길고 기존 개념이 연장되는 시기의 산업은 고체처럼 존재한다. 그러나 신기술의 등장으로 패러다임이 변화하는 시기에는 산업이 액체처럼 유동화된다. 기술과 제품, 고객과 시장의 경계선에서 에너지가 분출되고 융합되면서 역동성이 높아진다.

2020년에 디지털 전환의 방향성을 확인했다면 2021년은 영역을 불문하고 아날로그와 디지털의 경계선에서 생겨나는 에너지로 산업구조의 변화와 시장 주도권의 재편이 본격적으로 진행될 예상이다. 지금까지 기존 아날로그 기업들은 디지털 전환의 방향성에는 공감하면서도 과감하고 신속하게 변화를 추진하기에는 내·외부적 난관이 많았다. 그러나 2020년 코로나19의 충격으로 시장 환경이 급변하면서 신진 디지털 기업들의 거센 도전을 체감했다. 그리고 이런 과정에서 고조된 위기감은 역설적으로 디지털 전환을 위한 추동력으로 전환이 가능하다.

격변의 시기를 맞아 방어적 대응만으로는 한계가 있다. 2021년은 기존 아날로그 산업을 영위하는 기업일수록 심기일전해 디지털 혁신을 통해 재도약의 기회를 포착해야 하는 시기다.

DT에서 DX로 아날로그 디지털의 융합 구조

'디지털 격변'이라는 단어는 20여 년 전에 등장했지만 업종마다 민감도는 달랐다. 미디어, 통신, 유통 분야에서는 시장 질서를 바꾸는 변화가 일찍이 진행되었지만 철강, 화학, 식품 등의 분야에서는 기존 사업의 효율성을 높이는 도구 정도로 인식되는 경우가 많았다.

　이런 측면에서 2020년은 디지털 전환의 변곡점으로 거대한 코끼리의 모습이 분명해졌던 시기로 비유된다. 10여 년 전부터 시작된 흐름이 코로나19를 계기로 가속화되었기 때문이다. 연장선상에서 2021년은 아날로그와 디지털이 본격적으로 융합되고 재구성되는 기간으로 예상된다. 실체를 파악한 코끼리의 모습을 전제로, 경제주체들의 실질적 변화가 불가피한 상황이기 때문이다. 2020년까지 디지털 전환을 지칭하던 'DT(Digital Transformation)'에 뒤이어 최근 사용 빈도가 높아진 'DX(Digital eXchange)'라는 용어가 이러한 변화를 나타낸다. 비록 미세한 차이지만 DT는 '디지털 기술에 기반한 일방향 혁신'이 중점이라면 DX는 '신생 디지털과 기존 아날로그 영역 간의 쌍방향 교류를 통한 융합적 혁신'에 방점을 두고 있다는 점에서 구분된다.

　현재 디지털 전환이 중요한 과제로 부상했지만 아직 우리나라 기업의 대부분은 아날로그 방식의 사업이 기본이다. 디지털이라는 총론에는 공감하면서도 현재 사업에 디지털 개념을 접목시

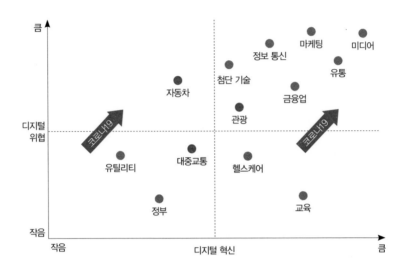

키는 구체적 각론에서는 혼돈스러운 경우가 많다. 하지만 모색할 시간은 많지 않다. 생활 밀착형 전통적 아날로그 서비스 산업인 세탁, 식당, 음식 배달, 주차장, 정육점 등 다양한 영역에서 디지털 기술을 적용하는 새로운 흐름이 시장 판도를 뒤흔들고 있다. 신생 디지털 기업의 도전에 대응하는 아날로그 기업의 기본적 방향성이 DX가 포괄하는 아날로그와 디지털의 융합이다. 특히 아날로그 사업이 보유하고 있는 오프라인 점포망, 대면 접점 등 역량의 디지털 관점 재해석과 재구성이 중요하다.

콘택트에서 언택트로 진화하는 문명과 기술

"2년 걸릴 디지털 변혁이 최근 2개월 만에 일어나는 것을 목격했다." 마이크로소프트 CEO인 사티아 나델라가 2020년 5월 개발자 회의에서 토로했다. 코로나19 충격으로 가속화되는 디지털 변화를 나타내는 언급으로 자주 회자되었다.

실제로 코로나19 전염 방지를 목적으로 시행된 공공장소 폐쇄, 자가 격리, 사회적 거리 두기 등의 영향으로 비대면 언택트(Untact)가 급격히 부상했다. 코로나19 이전에도 편의성과 효율성의 측면에서 언택트는 확산되고 있었다. 소매점의 키오스크, 챗봇 등 제한된 영역에서 활용되던 언택트는 코로나19를 계기로 교육, 의료, 근무 형태 등 사회경제 전반으로 확산되고 있다. 최근 부각되었지만 근본적으로 비대면 언택트는 문명과 기술이 발전하는 방향이다.

호모 사피엔스의 특징은 접촉(tact)과 협력이다. 자연 상태의 의사소통은 직접 대면해 음성이나 몸짓을 사용하는 대면 콘택트(Contact) 방식이었다. 그러나 직접 대면은 시간과 공간의 제약을 받는다. 만약 상호 접촉에서 시공간의 제약을 벗어나면 의사소통과 반응 과정의 효율성을 높여 집단의 생존력을 높인다. 인간의 목표 함수가 생존과 번식이기에 기술과 도구의 발전은 대면 방식 콘택트의 한계를 비대면 방식 언택트로 극복하는 방향이었다.

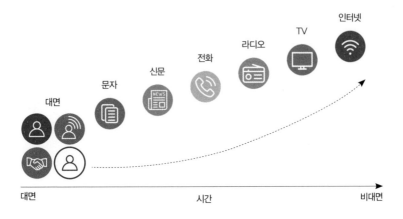

　문자가 대표적인 언택트 매개체다. 21세기를 사는 우리가 수천 년 전에 살았던 고대의 현인들과 공감할 수 있는 이유도 비대면 도구인 문자의 덕택이다. 문자가 종이와 만나 재료의 한계를 극복하고 15세기 독일 구텐베르크의 활판인쇄술이 발명되면서 비대면으로 전달되는 정보량도 늘어났다. 19세기 후반부터 급속히 발달한 전자와 통신 기술은 전화, 라디오, TV라는 언택트 대중매체를 출현시켰다. 라디오와 TV는 동시에 많은 사람들이 일방향으로 정보를 전달받는 방송의 형태이고, 전화는 일대일로 쌍방향 의사소통을 진행하는 통신의 방식이라는 점에서 구분된다. 그러나 모두 아날로그 시대의 비대면 언택트로 의사를 전달하고 소통한다는 공통점이 있다.

　디지털 시대의 언택트는 플랫폼, 빅데이터, AI와 결합되어 글로벌 실시간 쌍방향 융복합 형태로 증폭되는 측면에서 아날로그 시대와 구별된다. 아날로그 시대에는 소수 간 의사소통을 위한 전화나 무전기, 일방적으로 정보를 전달하는 라디오, TV 형태였다. 그러나 글로벌 시대에는 플랫폼을 통해 만난 다수가 동시적 쌍방향으로 의사소통하고, 필요한 정보도 AI의 필터링을 거쳐 각각의 개인에게 맞춤형으로 전달된다.

이러한 언택트 기술은 코로나19 이전에도 실용화 단계로 발전했으나 아날로그 방식의 대면 접촉에 익숙한 상황에서 사회문화적 거부감이 컸기에 확산에는 한계가 있었다. 그러나 코로나19 방역을 위한 이동 제한으로 실시된 재택근무, 원격 교육, 원격 의료가 이러한 거부감을 희석시켰다. 기술 발전과 사회적 변화가 동시에 진행되면서 미래에 언택트가 주축이 되는 경제로 전환시키는 5가지 동인(driver)은 다음과 같다.

1 | 건강과 안전에 대한 관심

인간에게 건강은 기본 관심사다. 그러나 전염병을 계기로 더욱 관심이 높아져서 금전 문제나 편리함보다도 우선적으로 간주된다. 2020년 딜로이트 조사에 따르면 소비자의 절반이 오프라인 매장의 대면 서비스 이용에 불안을 느낀다고 응답했다. 코로나19가 진정 국면에 접어들어도 대면보다 비대면을 선호하는 트렌드는 더욱 강화될 전망이다.

2 | 디지털에 익숙해지는 소비자

이동 제한 조치로 대다수 소비자들은 격리된 환경에서 일상생활을 유지하기 위해 디지털 채널을 이용했다. 영상물 스트리밍, 화상 통화, SNS 사용, 온라인 쇼핑의 이용이 급증했다. 오프라인 이벤트가 온라인으로 진행되는 경우가 늘어나고 경험이 누적되면서 초기에 느껴졌던 어색함도 많이 완화되어 익숙해졌다. 과거에는 물리적 환경에서만 가능하다고 여겨졌던 대면적 상호작용들이 언택트로 전환되면서 이제는 일상생활이 되었다.

3 | 5G의 보급

초고속 통신 인프라는 AI, IoT(Internet of Thing, 사물인터넷), 클라우드 컴퓨팅 등 디지털 기술 보급의 기본 조건이다. 언택트 서비스의 실행에서 인터넷 환경은 매우 중요하다. 5G의 상용화로인해 언택트 경제의 기본 여건이 조성되었다.

4 | 인간적 경험을 반영한 플랫폼

디지털 서비스에 아날로그적 감각을 적용하면 소비자는 편안함을 느낀다. 플랫폼이 발달하면서 사용자 접점 UI(User Interface)와 사용자 경험 UX(User eXperience) 측면에도 이를 반영하는 트렌드가 확산되었다. 소비자들이 컴퓨터 기술이 적용된 언택트 환경에서 정서적 안정감을 느낀다.

| 언택트 경제를 실현시키는 5가지 동인 |

자료: 딜로이트 인사이트, 비대면 경제(Contactless Economy)(2020.10)

5 | 클라우드 기반 아키텍처

클라우드 기반 아키텍처는 아날로그 방식의 대면 서비스 위주의 기업들이 소비자들에게 언택트 기반 서비스를 신속하고 유연하게 제공하게 하는 기술적 기반이다. 클라우드 사업자들은 기업들이 소비자 수요 변화에 대한 대응 능력을 높여주었다.

요약하면 문명과 기술의 발전을 인간들 간의 상호 교류 측면에서 보면 대면 콘택트 방식에 비대면 언택트 방식을 추가하는 방향으로 진행된다. 21세기에 기술적으로는 다중 쌍방향 실시간 비대면 언택트를 구현하는 기술적 기반은 마련되었으나 사회문화적 거부감으로 인해 확산에는 한계를 보였다. 그러나 코로나19 방역을 위한 격리가 시행되면서 기술적으로 가능했던 차원에서 사회경제의 전반적인 추세로 확장되었다. 실제로 우리나라에서도 코로나19 이전에는 공교육, 회사 근무는 대면 진행이 당연시되었다. 그러나 코로나19로 인해 비대면이 강요된 상황에서 불가피하게 적용된 원격 교육, 원격 의료, 재택근무로 기술적 부분에서 장벽이 사실상 없어졌음을 확인했다.

아날로그 트렌드 코쿠닝의 연장선 디지털 언택트

문명과 기술이 언택트 방향으로 진화하는 이유는 삶의 편리성과 효율성을 높이기 때문이다. 이는 소비자 선호도가 변모하는 방향과 일맥상통하며 마케팅 트렌드에 반영된다. 아날로그 시대의 막바지였던 1980년대에 뚜렷하게 부각되는 이러한 흐름을 미국의 트렌드 분석가인 페이스 팝콘(Faith Popcorn, 1947~)이 '코쿠닝'이라는 단어로 압축했다.

마케팅 분야에서 두각을 나타내던 페이스 팝콘은 1991년 출간한 『팝콘 리포트(Popcorn Report)』에서 1990년대 이후 예상되는 소비 시장의 10대 트렌드를 예측해 명성을 얻었다. 소비자의 욕구가 분출되는 흐름인 트렌드는 일시적인 유행과 달리 지속 기간이 최소한 10년 정도이며, 단순히 외형으로 드러나는 현상이 아니라 내면에서 생겨나는 원인과 동기가 집약되는 변화다. 소비 시장의 10대 트렌드 중에서 처음으로 위치하는 가장 중요한 현상이 코쿠닝(Cocooning)이다. 누에고치라는 의미로서 현대인들이 총기, 마약, 교통사고 등 위험한 외부 세상과 차단된 안전한 집에서 시간을 보내려는 현상을 의미한다. 장기적으로 지속된 코쿠닝 트렌드는 소비 시장에 큰 영향을 가져오며 이와 관련한 다양한 산업의 성장으로 이어졌다.

집에 머무르는 시간이 많아지면 TV 시청 시간이 늘어나게 마련이다. 이에 따라 대형화면 TV 판매가 늘어난다. 대형화면 TV가 보급되고 고품질 음향에 대한 수요가 생겨나면서 홈 시어터 시장이 성장한다. 집에 있으면서 식사를 위해 매번 요리를 하기는 번거로우니 배달 음식과 간편식 시장이 커진다. 집에서 TV를 보면서 쇼핑하는 홈쇼핑 시장이 커지고 이와 관련해 택배 산업도 발달한다. 집에서 간단한 운동을 하기 위한 실내 운동기구가 보급되며, 집에서의 안전을 확보하기 위해 사설 방범 서비스 시장이 확대된다.

코쿠닝 트렌드는 디지털 기술과 접목되어 비대면 언택트 서비스를 양적·질적으로 확대시켰다. 기본 방향은 스탠드 얼론(Stand

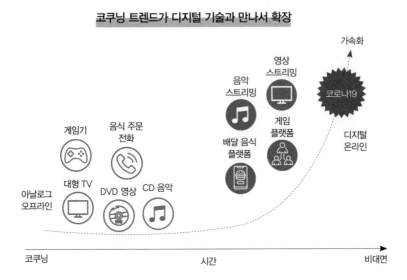

코쿠닝 트렌드가 디지털 기술과 만나서 확장

Alone) 방식에서 네트워크 플랫폼으로의 진화다. 1990년대에 게임은 전용 게임기, 영화는 DVD, 음악은 CD, 음식 배달 주문은 전화를 사용했다. 그러나 현재는 게임, 영화, 음악, 음식 배달 주문이 모두 인터넷 네트워크로 연결된 플랫폼에서 진행된다. 게임은 온라인 가상 세계에서 팀을 이루어 즐긴다. 영화와 음악도 온라인 스트리밍 형태로 개인과 가정의 영상 구동 디바이스에 데이터를 전송하는 방식으로 서비스된다. 음식도 스마트폰 등을 이용해 배달 플랫폼을 경유해 주문한다. 비대면 언택트로 제공된다는 점에서 아날로그 시대 코쿠닝 시대의 연장선이지만 서비스를 제공하는 기술적 방식은 변화했다.

언택트와 콘택트가 융합되는 딥택트

문명과 기술이 대면 콘택트에서 비대면 언택트의 방향으로 발전한다는 관점에서, 정보혁명과 뒤이은 디지털 기술은 비대면 언택트의 새로운 지평을 열었다. 21세기 이후 불과 20여 년 만에 비대면 언택트를 구현하기 위한 글로벌 다중 쌍방향 의사소통에 대한 기술적 장벽은 사라졌다. 그동안 사회 문화적 장벽으로 도입은 제한적이었으나 코로나19로 대면 콘택트 교류가 강제적으로 차단되면서 비대면 언택트가 급속히 부상했다.

2020년 상반기 비대면 언택트가 강요된 상황에서 그동안 실용화되었던 다양한 언택트 솔루션들이 소비자들에게 소개되기 시작했다. 초기에는 비대면 언택트가 심리적으로 어색했고, 생소한 솔루션과 응용프로그램을 접하면서 불편함도 느꼈다. 하지만 점차 심리적으로 적응되고 솔루션에 익숙해지면서 소비자 경험을 확대하고 공급자 경쟁 구도의 급변을 가져왔다. 예상외로 높은 수준의 만족도와 효율성이 검증되면서 언택트는 단기간에 대세로 부상했다. 그러나 호모 사피엔스에게 직접적이고 강력한 대면 콘택트의 장점은 여전히 존재한다. 30만 년 동안 대면 콘택트의 환경에서 살아왔기 때문에 기술적으로 언택트에 적응하더라도 한계는 있기 마련이다.

또한 코로나19가 초반에는 미지수로서 두려움과 불안감을 증폭시켰지만, 시간이 흐르면서 일정 수준으로 진정되고 대면 교

콘택트와 언택트는 상호 보완적 딥택트로 융합

딥택트(Deeptact)

콘택트(Contact)		언택트(Untact)		딥택트(Deeptact)
• 인간의 기본적 교류 형식 • 직접적이고 강력하나 시간과 공간의 제약 • 기술 발전으로 도구를 이용한 범위 확장	**+**	• 디지털 격변에서의 사용자 인터페이스(Customer Interface) 측면 • 아날로그 시대부터 확장되는 트렌드 • 코로나19를 계기로 부각	**=**	• 콘택트와 언택트의 상호 보완 및 융합 구조 • 콘택트+언택트라는 최적의 조합으로 강력한 휴먼 인터페이스(Human Interface) 구축 • 코로나19 이후 키워드

민간 및 공공 영역 불문
산업 전반: 유통, 교육 등

류가 회복되면 비대면 언택트 일변도의 흐름은 바뀌게 된다. 그렇다고 코로나19 이전으로 되돌아가지는 않을 것이기에 새로운 트렌드는 비대면 언택트와 대면 콘택트의 결합 구조로 예상한다. 이를 딥택트(Deeptact)로 이름 지어보았다. '접촉'을 뜻하는 택트(tact)에 '함께'라는 의미의 접두사 '콘(Con)'이 붙어서 다수의 대면이라는 콘택트(Contact) 단어가 만들어졌다. 그리고 택트(tact)에 '부정'이라는 의미의 접두사 '언(Un)'이 붙어서 비대면을 뜻하는 언택트(Untact)가 파생되었다. 이러한 맥락에서 딥택트(Deeptact)는 문자 그대로 깊게(Deep) 접촉, 택트(tact)한다는 의미다. 대면과 비대면, 오프라인과 온라인, 아날로그와 디지털을 아우르는 통합적 접촉으로 수요자와의 의사소통과 스킨십을 깊고 강력하게 형성하고 유지함을 뜻한다.

디지털 기술의 확산으로 부상한 비대면 언택트가 향후 대면 콘택트 서비스를 대체하는 방향으로 예상하는 경우가 많지만 이는 비현실적이다. 언택트와 콘택트는 서로 대립하거나 충돌하는 단선적 관계가 아니다. 이 둘은 대체하면서도 보완하는 복선적 관계다. 코로나19가 일단락되면 언택트의 성장세는 둔화되고 콘택트의 비중이 회복될 것은 분명하다. 물론 코로나19 이후에도 언택트가 추세적으로는 높아지겠지만 그렇다고 콘택트가 소멸되지는 않는다. 언택트와 콘택트도 산업별, 영역별 특성에 따라 각자의 균형점을 잡으면서 안정화의 단계를 거칠 것이다. 이러한 과정에서 일정 영역은 콘택트와 언택트가 통합되고 융합되면서 전체적인 고객 관계를 강화시키는 딥택트의 특성도 분명해지리라 본다.

이런 배경에서 언택트와 콘택트, 온라인과 오프라인에서 각자 나름의 최적 조합을 이루어 상호 보완적으로 결합되는 딥택트 방식이 포스트 코로나19 시대의 뉴노멀이 될 것이다. 향후 인간 생활과 사업 모델은 아날로그적 콘택트와 디지털적 언택트의 최적 조합인 딥택트를 추구하는 방향으로 진행되리라 예상하는 이유다. 미래 디지털 시대 사업의 핵심 성공 요소는 콘택트와 언택트를 결합시켜 고객 접점을 구성하고 고객 관계를 심화시키는 딥택트다. 구체적으로 영역별로 딥택트의 방향성과 최적점을 예상해본다.

일하는 방식

아날로그 시대의 일하는 방식은 기본적으로 동일한 시간과 장소에 모여야 한다. 도구를 사용해 육체노동으로 원재료를 가공하는 방식이 주종이기 때문이다. 한자리에 있어야 분업이 가능하고, 필요한 의사소통이 이루어지며, 도구를 공동으로 사용해 효율성을 높일 수 있다. 특히 업무 지시와 수령, 진행 과정의 점검과 수정은 동일한 시공간이 아니면 성립 자체가 불가능하다. 산업혁명 이후에 증기기관을 사용하는 대규모 공장이 출현했지만 이러한 방식은 불변이었다. 따라서 농업과 산업 시대는 작업장으로의 출근이 업무의 시작이었다.

20세기 후반 정보화 시대에는 이러한 공간적 제약을 탈피하는 기술적 발전이 이루어졌다. 통신 기술의 발달과 컴퓨터의 등장으로 이메일, 인터넷, 화상 통화, SNS 등 전 지구적 차원에서 의사소통을 할 수 있게 되었다. 나아가 업무 처리를 효율화시키는 다양한 정보 기술 솔루션들이 상용화되었다. 또한 산업의 중심점이 원재료를 가공해 물리적 하드웨어를 만들어내는 방식에서 정보와 지식을 활용해 가상적 소프트웨어를 산출하는 방향으로 변화했기 때문에 작업의 성격도 시공간의 제약을 벗어났다. 21세기에 들어와서는 작업자의 물리적 위치와 무관하게 집합적 업무가 이루어지게 되었다. 진 세계에서 네트워크로 연결된 다수의 작업자들이 음성, 문자 등 다양한 방법으로 실시간 의사소통을 진행하고 업무 진행의 모니터링과 피드백도 수행한다.

일하는 방식의 변화는 고용구조에도 변화를 가져온다. 매일 동일한 시공간에 집합하지 않아도 무방하기 때문에 정기적 출근과 정규직의 상관관계가 약화되고 정규직과 비정규직의 개념도 의미가 없어진다. 프리랜서 개념의 단기 계약직이거나 정규직이지만 출근하지 않는 형태의 하이브리드 고용 형태가 확산된다. 이러한 추세의 전형적인 형태가 긱 이코노미(Gig economy)다. 널리 알려진 대로 긱(gig)은 1920년대 미국의 재즈 공연장에서 하루 또는 일회성 계약으로 밴드나 연주자들을 고용하던 방식에서 유래된 단어다. 당초 음식 배달, 번역 등 단순 작업으로 시작된 업무 단위별 고용 형태는 AI 전문가, 반도체 설계자, 마케팅 전문가 등의 영역으로 확산되고 있다.

이러한 변화는 일하는 방식의 변화를 의미한다. 직접 대면이 효과적인 업무는 존속하되 비대면이 가능한 영역은 확대되면서 양자 간 조합에서 효율성의 최적점을 찾아가는 방향으로 전개된다. 사업 영역과 조직 특성, 기술 역량에 따라 접근 방식은 다양하겠지만 비대면 언택트 업무가 대면 콘택트 업무를 완전히 대체하지는 않는다. 작업자의 물리적 위치와 시간에 관계없이 업무를 진행하는 상태에서 군이 출근을 강제할 필요는 없지만 필요하면 출근하는 형태와 결합된다. 최근 부각되는 하이브리드 근무 방식이다. 상황에 따라 재택근무와 사무실 근무를 선택하는 형태로서 젊은 직장인들이 선호하고 있다. 이는 고용주와 피고용인 모두에게 이익이다. 고용주는 사무실 공간 및 출근에 따른 부대 비용 절감을 기대하고, 피고용인은 출퇴근 시간 절약과 자유로운 생활 방식이라는 장점이 있다.

향후 인사 조직 부문의 주요 업무 중 하나는 분야와 특성에 따라 개별 조직의 언택트와 콘택트의 최적점을 설계하고 적용하는 일이다. 코로나19로 불가피한 상황에서 실행되었던 재택근무가 전형적 사례다. 실제 경험을 통해 재택근무와 사무실 근무는 양자택일, 상충 관계가 아닌 하이브리드 방식의 형태로 상호 보완적으로 결합될 잠재력을 확인했다. 앞으로 각종 조직에서 인력 운영의 중요한 과제는 내부 기능별로 업무 효율성, 비용 적합성, 직원 만족도 등을 감안해 양자를 결합시키는 최적점을 설정하고 실행하는 것이다. 최적점은 사업의 성격, 해당 조직 업무의 성격, 조직원의 선호도 등을 감안해 업무 효율과 조직원의 만족도가 최대화되는 지점이다.

교육 방식

아날로그 시대의 교육도 기본적으로 교사와 학습자가 시공간을 일치시켜야 했다. 교육이란 정보와 지식의 전달이고 언어와 문자가 매개체이기 때문이다. 또한 교육은 가치가 비용보다 높아야 수요가 발생하고 공급되는 서비스다. 산업혁명 이전의 일반인들은 문자 해독을 위한 기초 교육도 필요 없었다. 농사를 주업으로 하면서 필요한 지식과 경험은 가족의 연장자로부터 전수받으면 충분했기 때문이다. 그리고 교육을 위한 책과 학용품도 높은 가격이었기 때문에 생산성이 낮은 상태에서 일반인들의 자식이 교육을 받을 경제적 여유도 없었다. 15세기 중반 인쇄술 발명 이전의 책값을 보면 이 점이 분명해진다.

중세 시대 유럽을 대표하는 도서관이었던 스위스 장크트 갈렌의 베네딕트 수도원 도서관의 9세기 후반 소장 서적은 총 500권 정도였다. 인쇄 서적이 등장하기 이전 15세기 영국에서 가장 많은 장서를 보유했다는 캔터베리 대성당 도서관의 장서가 2천 권이었고, 케임브리지 대학교 도서관도 300권에 불과했다. 서양 세계 최대 도서관의 장서가 놀라울 만큼 적은 이유는 비싼 책값 때문이었다. 성경 1권 제작에 필요한 수도사의 인건비와 양피지 가격을 지금 가치로 환산해보면 수억 원을 상회했다.

산업혁명 이후 증기기관을 중심으로 라인이 구성된 근대적 대단위 공장이 출현했다. 작업자들에게 지시하고 통제하기 위해서는 의사소통을 위한 문자 해독이 필요했고 국가 차원에서 대중 교육이 시작되었다. 일정 연령이 되면 의무적으로 학교에 가서 기초 교육을 받았고 이후 교육 정도와 개인 역량에 따라 사회로 진출했다. 산업 시대에서 체계적 지식은 학교에서 책으로 전수되었고 교육자와 학습자는 동일한 시간과 공간에 위치함을 전제로 했다.

그러다 20세기 후반 정보화 시대에 컴퓨터와 인터넷이 등장하면서 지식의 전파와 공유는 전 지구적 차원에서 실시간으로 진행 가능하게 되었고, 교육 역시 시간과 공간의 제약을 벗어났다. 온라인 교육은 비제도권을 중심으로 확대되었으나 제도권 교육 중심의 체계에 큰 영향은 없었다. 기존 아날로그 질서에서 자리 잡은 각급 학교는 졸업장이 상징하는 공식적 자격 인증에서 우위에 있었기 때문이다. 또한 오프라인 교육 중심 구조를 유지하는 것이 기존 학교와 교직원, 교육 정책 당국의 이익에 부합했기에 온라인 교육은 제한적이거나 보완적이었다.

그러나 2020년 본격적으로 확산된 코로나19는 이러한 상황을 완전히 바꾸었다. 사교육 부문은 이미 시장의 수요에 의해 원격 교육이 이루어져왔으나 이러한 변화와는 거리가 있던 공교육 부문도 불가피하게 전체 프로그램을 원격 교육으로 실시하게 되었다. 코로나19가 아니었다면 각종 공교육 관련 이해관계자들의 반대로 엄두도 내지 못했을 것이다. 코로나19 이후 공교육과 사교육은 교육 효과의 측면에서 온라인 또는 오프라인이라는 이분법적 선택이 아니라 학생들의 입장에서 최대 효과를 달성하는 최적의 조합을 찾아서 서비스를 제공하리라 본다.

기업 교육과 사회 교육도 마찬가지다. 정보혁명 이후 디지털 시대의 기업에게 인적자원의 중요성은 더욱 높아지고 있다. 기업은 교육 관련 투자를 늘리고 조직원들에게 다양한 사내·외 교육 기회를 부여하는 추세다. 코로나19 이전에는 오프라인 교육이 주축이었고 온라인 교육은 보조적이었다. 대면 오프라인 방식이 교육 효과가 높고, 사내 교육 참석자들끼리의 교류도 중요한 기대 효과이기 때문이다. 그러나 오프라인 교육은 비용이 많이 든다. 교육장과 숙박 시설이 필요하고 이동 시간도 소요된다. 반면 온라인은 이러한 비용이 필요 없다.

과거 온라인으로 교육을 진행하는 경우 참석자들은 교육의 중요성이 높지 않다고 생각하기 쉽고 참석자들의 몰입도도 높지 않았다. 따라서 교육 부서에서도 오프라인 교육을 우선으로 했다. 그러나 코로나19로 사내 교육이 모두 온라인으로 진행되면서 이러한 거리감은 사라졌다. 코로나19 이후에는 기업 교육도 오프라인과 온라인이 보완적으로 결합해 학습 효과를 극대화시키면서 비용 효율성도 확보하는 방향으로 진행될 예상이다.

오프라인·온라인 조합의 최적점은 프로그램의 성격에 따른다. 지식 전달이 주목적이라면 온라인의 비중이 높아질 것이고, 상호 토론과 참가자 간 교류가 중요하다면 오프라인 위주로 진행될 것이다.

의사소통

기업의 업무는 의사소통의 연속적 과정이다. 시장과 고객, 경쟁자와 제품에 대한 다양한 정보를 습득하고 해석해 대응 방안을 모색하고 실행하는 과정에서 의사소통은 필수다. 각급 단위 조직별로 의사소통 구조와 형식, 주기가 공식화되어 있고 비공

식적인 의사소통이 병행된다. 언어와 문서를 활용해 보고하거나 회의를 통해 공유되고 의사 결정에 반영한다. 일상적이고 반복적인 이러한 과정은 중요도와 편의성에 따라 대면과 비대면을 선택한다. 소수를 대상으로 신속한 정보 전달이 필요한 경우에는 전화, 문자 등의 비대면 방식을 선택한다. 인원이 많고 의견 교환과 의사 결정이 필요한 경우는 대면 방식을 선호한다. 사안이 중요하고 비중이 높을수록 대면 의사소통이 기본이다. 기업의 특성에 따라 온라인 회의를 병행하지만 조직 문화적으로 대면 보고나 회의가 형식을 갖춘 공식적 방식으로 간주된다.

코로나19는 이러한 상황에도 변화를 가져왔다. 대면 의사소통이 극도로 제한되면서 비대면 방식의 사용이 불가피했다. 비대면 방식은 초기에 어색하고 거부감도 있었으나 점차 익숙해지면서 보편화되었고 특별한 이유가 없으면 비대면 방식을 사용하게 되었다. 이는 업무 효율을 대폭 상승시켰다. 물리적 공간도 필요 없고 이동 시간이 절약되었기 때문이다. 비대면 방식의 단점이 있지만 장점이 이를 압도한다. 기업 내 의사소통도 대면과 비대면이 조합되고 병행될 것은 분명하다.

회의를 예시로 생각해보자. 기존에는 높은 직급이 참석하거나 중요도가 높다고 생각하면 일단 오프라인 방식을 선택했다. 그러나 코로나19 상황에서 강제로 실행된 비대면 회의는 이러한 장벽을 낮추었다. 회의는 목적과 기대 효과에 따라 방식이 선택된다. 회의 유형으로는 상사들이 지시 사항을 전달하는 회의,

해결책을 모색하는 토론형 회의, 정보를 공유하는 모임형 회의, 다양한 의견을 듣고자 하는 세미나형 회의 등이 있다. 이 중에서 지시형, 정보 공유형 회의는 비대면으로 진행하고 토론형, 세미나형 회의는 대면 방식이 기본이 될 것으로 본다. 특히 의사 결정을 위한 토론형 회의는 오프라인 대면 방식의 장점이 분명히 있다. 이런 이유로 회의는 기존처럼 오프라인 대면이 당연시되지 않고 목적에 따라 대면과 비대면 방식의 혼합으로 구성될 것이다.

MZ세대의 선호

세대론은 주기적으로 부각된다. 20~30년의 주기로 성장 배경과 사고방식에서 구별되는 새로운 세대가 등장하는 인구 변화 요인이 기업의 사업 구조와 조직 문화에도 큰 영향을 미치기 때문이다. 최근 밀레니얼 세대(1980년대생)가 조직의 중견으로 성장하고 Z세대(1990년대생)가 사회에 진출하면서 이들에 대한 관심이 높아지고 있다.

딜로이트 글로벌이 2018년 42개국 16,425명의 MZ세대들을 대상으로 실시한 조사에 따르면, 일터에서의 선호도는 ① 금전적 보상(Financial reward), ② 긍정적 조직 문화(Positive workplace culture), ③ 시간 및 장소의 근무 유연성(Flexibility), ④ 지속적 학습 기회(Opportunities for learning)의 순서였다. 성장기에 스마트폰을 일상 용품으로 사용하면서 정보화와 디지털을 생활로서 체득한 MZ세대들은 일터에서도 자유롭고 유연한 방식을 선호한다. 높은 업무 성과를 유지하면서 MZ세대가 원하는 유연성을 확보하는 방식이 비대면 언택트다.

아날로그 기업이 디지털 시대에 적응하기 위해서는 우수한 MZ세대의 인재가 필요하다. MZ세대가 선호하는 업무 방식이 정립된다면 기업 조직은 우수한 인재 유치에 유리한 입장에 서게 된다. 아날로그 시대처럼 정기적으로 지정된 장소에 출근하는 방식으로는 우수한 MZ세대 인재를 유인하기 어렵다. 이들은 가장 업무 효율이 높은 시간과 장소에서 일할 수 있는 환경을 부여하되 엄격하게 성과를 평가하고 이에 따라 보상하는 구조를 선호한다. 이러한 요구를 현실화하기 위해서는 결국 업무의 성격과 각자의 선호도에 부합하도록 비대면 언택트 방식과 대면 콘택트 방식을 조합하는 딥택트 관점의 접근으로 귀결된다.

아날로그 기업이 지향할 디지털 피보팅, 딥택트

아날로그 기업에게 디지털 전환은 필수적이다. 그러나 디지털 기업을 그대로 따라가기는 어렵다. 사업 모델, 인력 구조, 기술적 기반 등이 모두 다르기 때문이다. 따라서 자신만의 디지털 전환 전략이 필요하다. 아날로그 시대에 축적된 역량과 자산을 디지털 기술을 접목시켜 고유한 전략 방향을 수립해야 한다.

미국의 대형 할인점 월마트(Walmart)는 이런 점에서 벤치마킹의 대상이다.

거대 기업의 흥망성쇠는 기술과 시장의 변화라는 메가 트렌드와 불가분의 관계다. GM, 포드, GE 등 지난 100여 년간 글로벌 시장을 주도한 제조 기업들은 20세기 초반 기계, 금속, 전기, 화학 기술의 비약적 발전 과정에서 태동되어 성장기를 거쳤다. 소매 유통 산업에서는 1960년대가 전환기였다. 1960년 프랑스의 까르푸, 1962년 미국의 월마트, 1969년 일본의 이온 그룹 등 각 권역의 대표 기업들이 시작되었다. 생산과 유통의 분리, 정보 기술을 적용한 물류망의 고도화가 배경이었다. 이후 백화점 중심이었던 유통 산업은 대형 할인점 위주로 재편되었다. 월마트는 1985년 업계 최초로 인공위성을 이용한 통신망을 구축해 창고 재고, 트럭 운송, 판매 정보를 연동하는 시스템 혁신으로 독보적 경쟁력을 확보했다.

난공불락으로 여겨지던 월마트의 입지는 온라인 쇼핑의 등장으로 흔들리기 시작했다. 1990년대 등장한 온라인 쇼핑은 당초 주변부의 틈새 사업자 정도로 취급받았으나 2007년 스마트폰이 등장하면서 판도가 뒤집히기 시작했다. 디지털 채널로 수집한 고객 정보를 활용한 마케팅, 첨단 물류망을 활용한 신속한 배송, 편리한 결제 서비스가 결합된 결과였다.

오프라인 사업자들은 핵심 자산인 점포망의 전략적 가치가 퇴색하면서 경쟁력을 상실했다. 특히 1994년 창립된 아마존이

2000년대 중반부터 급성장하면서 많은 전문가들은 월마트의 몰락을 예상했다. 중저가 위주의 판매 품목에서 온라인 사업자와 차별화가 어렵고 거대 기업일수록 변신도 쉽지 않기 때문이었다.

그러나 JC페니, 시어스, 카슨스 등 여타 오프라인 유통 강자들이 연이어 파산하는 와중에서 월마트는 2019년에도 매출과 이익이 모두 증가했다. 급기야 2020년 5월에는 이베이를 누르고 미국 온라인 판매 2위로 올라섰다. 이러한 변화는 2014년 취임한 더그 맥밀런(Doug McMillon)이 표방한 '디지털 퍼스트' 전략에서 출발했다. 전략 실행의 핵심은 '신속한 투자 포트폴리오 재편'과 'One 월마트 옴니채널'이었다.

그는 관성적으로 진행하던 오프라인 투자를 대폭 감축하고 디지털 부문에 집중했다. 2015년 월마트 미국 법인의 총 투자비 82억 달러 중 50%가 신규 점포 개설 비용이었지만 2020년에는 1%로 급감했다. 반면 2020년에는 총 투자비 79억 달러 중 71%인 56억 달러를 온라인 부문과 공급망 고도화에 투입했다. 급변하는 상황에 내부 역량만으로 대응하기 어렵다는 판단에서 2016년 제트닷컴(Jet.com), 2017년 슈바이(Shoebuy)와 무스조(Moosejaw) 등 디지털 기업들을 적극적으로 인수 합병(M&A)했다. 단기간에 디지털 분야의 전문 인력, 핵심 기술, 밀레니얼 고객을 확보하면서 내부적으로 디지털 전환에 대한 분명한 방향성을 공유했다.

| 월마트의 온·오프 딥택트: CAPEX* 현황 |

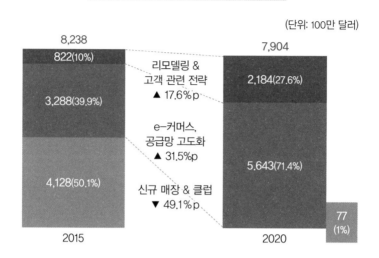

아날로그 축소 및 디지털 집중으로 신속 전환

(단위: 100만 달러)

8,238
822(10%)
리모델링 &
고객 관련 전략
▲ 17.6%p
2,184(27.6%)
3,288(39.9%)
e-커머스,
공급망 고도화
▲ 31.5%p
4,128(50.1%)
5,643(71.4%)
신규 매장 & 클럽
▼ 49.1%p
2015
7,904
2020
77
(1%)

*CAPEX(Capital Expenditure): 미래의 이윤을 창출하기 위해 지출된 비용

자료: 딜로이트 컨설팅

　'One 월마트 옴니채널'의 기본 개념은 '아마존에는 없고 월마트에는 있는 강점'의 추구였다. 아마존을 따라가서는 한계가 있음을 판단하고 월마트의 오프라인 점포와 온라인 서비스의 연계로 접근했다. 미국 인구의 90%가 월마트 주변 10마일(16km) 이내에 거주하는 여건에서 매장들은 디지털 기지로 재구축되었다. '온라인 주문 후 매장 수령(Click&Collect)' '생필품 2시간 배달' '전 직원 퇴근 배송제' 등이 주효했다. 맥밀런 월마트 CEO는 고객이 쇼핑 방법, 채널과 상관없이 구매하듯이 월마트도 온라인

과 오프라인을 구분하지 않는 통합적 관점에서 사업 모델 혁신에 접근하는 전략을 일관되게 추진하고 있다.

디지털 시대 고객 이해의 통합적 접근

디지털 격변의 진행으로 불확실성이 증폭되는 혼돈의 시대일수록 고객의 관점에서 사업의 기본을 되돌아볼 필요가 있다. 시류에 따라 표면적 양상은 변하지만 저류에 흐르는 고객은 불변이기 때문이다. 다만 고객을 이해하고 접근하는 방식은 기술과 여건에 따라 변화한다. 디지털 전환에서도 고객 관점의 변화가 출발점이다.

전 세계의 정보기관들은 인간을 통한 휴민트(HUMINT, Human Intelligence), 기술을 활용한 테킨트(TECHINT, Technology Intelligence), 공개 정보를 취합하는 오신트(OSINT, Open Source Intelligence)의 3가지 채널로 정보를 수집한다. 정보 요원들이 활약하는 전통적 방식인 휴민트는 생생하고 직접적이지만 품질 차이가 크다. 정찰위성 등 첨단 장비로 영상 정보, 신호 정보, 계측 정보를 수집하는 테킨트는 상대적으로 안전하지만 인프라 구축이 필요하다. 공개된 정보에 기반하는 오신트는 인터넷이 보급되면서 각광받고 있다. 사이버 세계에 산재된 방대한 데이터를 분석하면 유의미한 정보가 생산되기 때문이다. 미국의 제임스 울시

CIA 국장은 "모든 정보의 95%는 공개된 출처에서, 나머지 5% 만이 비밀 출처에서 나온다."라고 평가했다.

이러한 정보 획득 경로를 기업의 고객 이해 측면에서 접근해도 시사점을 준다. 휴민트는 영업 직원, 고객 평가단, 설문 조사 등에 기반한 전통적 방법이다. 테킨트는 위치, 이동, 검색, 구매 등 다양한 데이터를 디지털 기술을 활용해 분석한다. 오신트는 고객 후기, 파워 블로거, 인플루언서 등 공개된 정보에 기반한다. 아날로그 시대에는 휴민트를 주축으로 테킨트가 보완했고 오신트는 제한적이었다. 그러나 온라인 비중이 커지는 디지털 시대에는 휴민트의 중요성이 떨어지고 테킨트와 오신트가 부각된다. 인터넷 사용자들이 방문하는 홈페이지, 포털, SNS, 온라인 쇼핑몰 등에 남기는 디지털 흔적을 정밀하게 추적해 개개인의 특성과 취향까지 분석할 수 있기 때문이다.

디지털 전환의 맥락에서 고객을 이해하는 새로운 접근은 '휴민트-테킨트-오신트'의 구조를 재정립하고 연결해 통합하는 방식이다. 아날로그 시대에는 개별 기업 단위가 테킨트-오신트 방식으로 고객 정보를 수집하려면 인프라 구축에 큰 비용이 들기에 한계가 있었다. 따라서 휴민트 정보를 위주로 고객에 대한 가설적 추론을 할 수밖에 없었다. 그러나 디지털 시대에는 일상생활에 보급된 다양한 디바이스와 오픈 플랫폼을 통해서 정확한 데이터의 수집이 가능하다.

모든 기업은 고객을 이해하기 위해 최선을 다하지만 당초 의

디지털 시대 휴민트-테킨트-오신트 구조를 재정립하고 연결해 통합

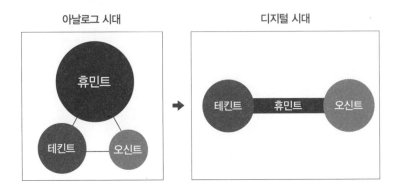

도와 달리 고객과 괴리되는 경우도 비일비재하다. 이는 접근 방식이 환경 변화를 따라가지 못하기 때문이다. 고객들은 이미 온라인과 오프라인을 넘나드는데 기존 오프라인의 협소한 관점에서 고객을 이해하려는 경우가 대표적이다. 특히 전통적인 아날로그 사업자들은 온라인 공간의 고객 행동 데이터를 수집할 기반도 미흡하고, 온·오프 데이터를 통합해 분석할 역량은 더욱 부족해 고객과의 거리가 멀어진다. 또한 특정 경로의 데이터에 함몰되어 여타 경로에서 입수하는 데이터와 보완되지 않을 경우에도 비슷한 양상이 나타날 수 있다.

　디지털 시대의 기업들이 고객을 정확하게 이해하고 효과적으로 접근하기 위해서는 '휴민트-테킨트-오신트'라는 데이터 3종 세트가 보완적으로 통합되고 지속적으로 개선되어야 한다. 이를 위해서 기존의 분리되고 단절되어 변화를 따라가지 못하는 고객 개념과 접근 방식의 탈피가 우선이다. 다음은 아날로그-디지털, 온라인-오프라인, 휴민트-테킨트-오신트를 관통하는 개방적이고 연결된 고객 정보 인프라의 구축이다. 이는 기존 아날로그 사업자일수록 디지털 전환의 여정에서 초심으로 돌아가는 실질적인 출발점이 된다.

배달 음식의 UI와 UX에서 관찰되는 딥택트

아날로그에서 디지털로의 전환은 패러다임 이동 현상이다. 기존의 지배적인 질서와 사고방식을 새로운 흐름이 부상하고 대체하는 과정이기 때문이다. 미국의 과학철학자인 토머스 쿤(Thomas Kuhn, 1922~1996)이 1962년 출간한 『과학혁명의 구조(The Structure of Scientific Revolutions)』에서 사용한 신조어 '패러다임(Paradigm)'의 개념이다. 그는 서유럽 르네상스 시대의 천동설과 지동설의 대립과 전환을 예시로 기존 사고방식에 도전하는 새로운 관점이 미래의 지배적 개념으로 확장하는 과정을 '패러다임 전환'으로 규정했다. 현재는 과학을 넘어서 정치, 경제, 사회, 문화 등 전 영역에서 사용된다.

아날로그 질서가 디지털 질서로 전환되는 과정도 패러다임 전환으로 설명된다. 아날로그가 지배하는 세계에서 디지털 기술이 나타난다. 초기에는 특수한 영역에서 미미하게 시작되고 시간이 흐르면서 확산된다. 일정한 시점이 지나면 기존의 질서와 충돌하고 갈등을 일으키지만 점차 대세로 발전한다. 그러다가 변곡점이 지나면 아날로그 질서를 디지털 질서가 대체하게 된다. 패러다임 전환은 일관되게 장기간 서서히 진행되는 과정으로 기존 개념과 새로운 개념이 융합되고 재창조되는 과정이기도 하다. 아날로그와 디지털의 융합을 설명하는 여러 개념들도 이러한 맥락에서 생겨났다. 앞서 언급한 딥택트의 관점으로 비대면 언택트의 디지털 기술과 대면 콘택트의 아날로그 자산을 결합해 고객 관계를 심화시킨다는 전략 개념이 동일한 맥락이다.

딥택트는 기존 아날로그 기업 디지털 전환을 기본적 전략 방향으로 생각한다. 2006년 이어령 교수가 디지털 기술을 아날로그 감성으로 접근하는 퓨전의 개념에서 창안한 '디지로그(Digilog)'도 융합의 개념이다. 최근 등장하는 '피지털(Physital)'도 물리적 세계의 '피지컬(physical)'과 가상 세계의 '디지털(digital)'을 합성한 용어다. 당초 드론 등 물리적 공간용 디바이스의 디지털 대응도를 강조하기 위한 마케팅 차원의 신조어였지만 자동차 회사의 온·오프 융합형 판매 방식 등의 개념으로 확장되고 있다. 비록 각각의 용어가 시차가 있고 개념도 조금 다르지만 디지털과 아날로그의 교류와 융합을 통한 새로운 가치의 창조라는 접근은 동일하다.

DX와 융합의 흐름은 주로 대기업 위주의 사안으로, 중소기업

| DX, 아날로그와 디지털의 융합적 접근 |

- **딥택트(Deeptact)** ➡ 언택트(Untact) **+** 콘택트(Contact) **=** 딥택트(Deeptact)
- **디지로그(Digilog)** ➡ 디지털(Digital) **+** 아날로그(Analog) **=** 디지로그(Digilog)
- **피지털(Physital)** ➡ 피지컬(Physical) **+** 디지털(Digital) **=** 피지털(Physital)

이나 소상공인들의 체감도는 높지 않았다. 그러나 최근에는 배달 음식 식당, 주차장, 정육점, 세탁, 방역 등 전형적인 소규모 분산형 아날로그 사업 영역으로도 본격적으로 파급되고 있다. 소상공인들은 자체적으로 기술을 적용할 역량은 부족하기에 기존의 플랫폼에 참여해 디지털 기술을 활용한다. 플랫폼에서 제공하는 서비스를 가지고 참여자 모두에게 동일한 수준으로 차별성을 만들기는 어렵다. 그러나 배달 음식 위주의 식당에서 관찰된 사례들은 아날로그 감성과 디지털 플랫폼의 결합이라는 딥택트 접근의 효력을 보여준다.

전통적인 아날로그 오프라인 식당의 사업 모델은 물리적 공간에 좌석을 마련하고 음식을 준비해 고객에게 제공하는 방식이다. 고객과의 접점(UI, User Interface)은 간판, 테이블, 메뉴판, 서빙 직원 등이다. 고객은 음식의 맛과 가격, 고객 접점을 통한 경험치(UX, User eXperience)를 기준으로 재방문을 결정한다. 그러나 최근 음식 배달 플랫폼의 등장으로 오프라인 식당은 온라인 주문의 비중이 높아지고 있고, 온라인 주문만으로 운영되는 식당도 등장했다. 디지털 온라인 플랫폼 주문 방식에서는 고객 접점(UI)은 플랫폼에 게시되는 식당과 음식 사진으로 시작되어 고객 후기를 거쳐 주문 여부를 결정한다. 고객 경험(UX)은 포장 용기에 담겨 배달된 음식을 먹는 전체 과정으로 여기에서 재주문 여부가 결정되며, 만족도에 따라 플랫폼에 접속해 고객 후기를 남기는 경우도 있다.

플랫폼에서 식당과 음식 사진을 보고 후기를 읽으면서 주문하는 과정은 디지털 방식이지만 배달, 포장 용기, 식사 등은 아날로그 방식이다. 온라인 경쟁력이 높은 식당은 디지털과 아날로그를 결합하는 딥택트 개념을 활용한다. 단골 고객이나 문제를 제기하는 고객에게는 배달 음식에 손 글씨로 간단한 메모를 적어 의사소통한다. 메모를 통해 온라인과는 차원이 다른 개별적 고객 관계를 구축할 수 있다. 또한 중요한 고객 경험의 매개체인 포장 용기를 배달 음식의 모양과 맛을 유지하게 디자인해 고객 경험치를 높인다. 플랫폼에 노출되는 식당과 음식의 사진과 후기에 대한 응답에도 감성적 부분을 충분히 담는다. 높은 성과의 식당들은 맛과 가격이라는 본원적 요소와 함께 아날로그 감성과 디지털 기술을 결합하는 점에서도 앞서 있다.

AI는
디지털 피보팅 엔진

AI PIVOTING

AI는 디지털 피보팅의 엔진

우리나라의 대다수 사람들은 인공지능(AI)이라는 단어를 2001년 미국의 영화감독 스티븐 스필버그의 영화 제목으로 접했을 것이다. 먼 미래를 상상하는 공상 과학 차원의 전문용어에 머물러 있다가 2016년 3월 이세돌과 알파고 바둑 대결 이후 순식간에 보통명사가 되었다. 바둑이라는 친숙하고도 복잡한 게임에서 인간 세계의 지존이 AI에게 패배하는 장면을 목도하는 충격의 여파였다. 이후 단기간에 AI는 일상생활에 접목되는 서비스로 확산되고 있다. 플랫폼을 경유하는 영화 추천, 맛집 검색, 여행지 안내에서 자녀 교육 프로그램에까지 AI 기술이 접목되기 시작했다.

이후 코로나19를 거치면서 디지털 온라인의 확산이 가속화되고 기존 아날로그 오프라인의 산업 주도권이 급격히 약화되었다. 디지털 온라인은 데이터의 신속한 처리와 반응, 네트워크 효과의 범위에서 우위를 확보해왔으나 AI가 실용화되면서 데이터 기반의 고객 행동 분석, 고객 식별, 맞춤형 제안, AS에 이르는 전 과정의 정확성까지 높아졌다. 아날로그 기업들도 기존의 내부 프로세스를 데이터와 AI 기반으로 신속하게 전환하고 있다. 향후 AI는 모든 기업들의 사업에서 자동차의 엔진과 같은 역할로 발전할 예상이다. 자동차는 그 자체로 완결적 시스템으로 구동, 연료, 전기, 전자, 냉난방 등의 다양한 하부 시스템이 통합되어 있다. 전체 시스템의 중핵은 엔진이다. 엔진이 움직여야 다른 시스템도 가동되고 자동차가 움직인다.

디지털 시대의 기업도 마찬가지다. 기업은 재무, 조달, 생산, 물류, 연구 개발 등의 하부 시스템들이 통합된 완결적 시스템이다. 다양한 시스템을 경영 정보가 통합하고 각 단계별로 다양한 의사 결정이 연속적으로 이루어진다. AI는 경영 정보는 물론 기업 활동과 관련해 통합된 모든 데이터를 분석하고 의사 결정을 지원하는 핵심이자 기초 체력이 될 예상이다.

기업 관점에서 AI는 의사 결정의 보조자 역할이다. 기업 활동은 습득한 정보를 분석해 의사 결정을 내리고 이에 따라 실행하

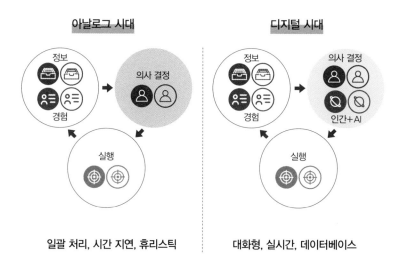

는 과정의 무한반복 프로세스다. 아날로그 시대와 디지털 시대의 차이점은 정보의 원천과 분량, 의사 결정의 품질, 실행의 효율성에서 구분된다. 이러한 차이의 중심에 AI가 있다. 정보의 습득, 의사 결정 지원, 실행 과정의 효율성 확보에 AI가 핵심 역할을 하기 때문이다. 가장 중요한 부분은 의사 결정을 AI가 지원하는 것이다.

아날로그 시대에도 의사 결정은 데이터와 정보에 기반했지만 그 자체는 인간들의 고유한 영역이었다. 그러나 인간은 나름의 경험에 기초해 정보를 분석하고 최선으로 의사 결정을 내려도 각자의 휴리스틱 오류인 편견의 한계를 벗어나기 어렵다. 특히 데이터의 양이 많고 신속하게 의사 결정을 내려야 하는 경우는 관행이나 직관에 의존했다. 이 과정에서 오류와 비효율이 발생하게 마련이다. AI는 이러한 부분을 보완한다. 대용량의 데이터를 신속하게 분석하고 패턴을 파악해 유의미한 정보와 판단의 근거를 도출해 인간에게 전달하는 방식으로 의사 결정의 합리성을 높인다. 인간은 패턴을 구성하는 정보의 구조를 만들고 이를 개선하는 방식으로 AI 지능의 품질을 높인다. 조직 내부의 문화적 요소가 있지만 의사 결정 자체는 인간의 영역이다.

AI는 프랑켄슈타인인가 마당쇠인가

AI가 부상하면서 이에 대한 기대와 우려가 교차한다. 인간이 만들어낸 프랑켄슈타인처럼 결과적으로 인간을 파멸시킬 괴물인가, 아니면 인간이 만들어낸 자동차처럼 인간의 삶을 향상시키는 도구인가 하는 부분에서 전망이 엇갈린다. 원시시대의 수렵 생활부터 누적된 인간의 경험은 본능적으로 비관론에 더욱 민감하게 반응하도록 진화해왔다. 그래서 새로운 대상에 대해서는 언제나 부정적인 입장이 강력하고 호소력이 있게 마련이다. AI도 이런 점에서 종말론적 스토리의 단골 소재이기는 하다.

인간이 만든 괴물이 인간을 해친다는 줄거리의 프랑켄슈타인 유형은 의미하는 바가 크다. 이는 자체적으로 정보를 수집하고 판단하는 강한 AI가 출현해 로봇 기술과 합한다면 공상과학 영화 〈매트릭스(The Matrix)〉나 〈터미네이터(Terminator)〉에서처럼 인간이 기계에 종속되는 암울한 미래가 올지도 모른다는 일종의 경고장이다.

대중에게도 널리 알려진 저명한 우주물리학자 스티븐 호킹 (Stephen Hawking, 1942~2018)은 2015년 5월 "인류는 100년 내에 AI에 의해 끝날 것"이라고 경고했다. 세계 최고의 전기차 기업 테슬라의 창업자인 일론 머스크(Elon Musk, 1917~)도 "AI 연구는 악마를 소환하는 것이나 마찬가지"라고 주장하면서 인간을 뛰어넘는 AI에 대한 심각한 두려움을 표현했다.

이와 달리 AI와 로봇의 발달이 인간의 삶을 풍요롭게 하는 새로운 문명을 가져오리라는 낙관론의 대표 주자는 미래학자 레이 커즈와일(Ray Kurzweil, 1948~)이다. 평판 스캐너, 디지털 신시사이저 등을 발명해 특허 39개를 보유하고 구글의 인공두뇌 개발 프로그램에 관여한 기술적 배경을 가진 그는 1990년대부터 미래 예측을 시작해서 1998년 이전에 컴퓨터가 인간 체스 챔피언을 이길 것으로 예측했다. 그는 과학과 기술을 이용하면 사람의 정신적·육체적 한계를 넘어설 수 있다는 트랜스휴머니즘(Trans-humanism)을 주창했다. AI가 인간을 뛰어넘는 순간을 '특이점(特異點)'으로 정의하고, AI 스스로 자기 자신보다 더 똑똑한 AI를 만들 수 있으면 지능이 무한히 높은 존재가 출현할 것으로 전망했다.

문명 발전의 모든 도구가 이런 적응 과정을 거쳐서 실용화되었다. 원칙적으로 도구는 그 자체로서는 가치중립적이다. 이용하는 인간의 의도와 목적에 따라 결과가 다르게 나타날 뿐이다. 일상 용품인 자동차를 예로 들어보자. 자동차는 이동과 운반을 위한 도구로서 유용하게 사용한다. 그러나 배기가스를 내뿜고 교통사고도 발생하는 부정적 측면도 있다. 배기가스와 교통사고에 주목하면 자동차는 인간 삶의 파괴자이지만, 운반 도구로서 접근하면 생활의 보조자로서 양면적 측면이 있다. 자동차의 부정적 효과를 없애려면 자동차 자체를 없애면 되지만 이는 또다시 삶을 불편하게 만든다. 결국 자동차라는 도구를 사용하는 인간의 태도가 출발점이다.

같은 논리를 원자력에 대입해도 마찬가지다. 원자력 자체는 인간의 과학기술이 개발한 도구다. 원자폭탄이라는 파괴력과 원자력 발전의 유용성이라는 2가지 측면을 모두 가지고 있다. 인간이 전쟁에 사용하면 폭탄이 되고 전기 생산에 사용하면 발전 기기가 될 뿐이다. 원자력에 대해서 논란이 있으나 이 역시 인간의 태도에 따른 입장 차이다. 이런 점은 AI도 마찬가지다.

AI가 도구로서 가진 측면을 AI 발전의 역사에서 파악해보자. AI의 개념은 1960년대에 미국에서 등장했다. AI를 인간과 동일시하는 기계주의 입장과 인간 능력의 확장이라는 도구론의 입장으로 대별되었다. 매사추세츠공대(MIT) 중심의 기계주의자는 인간은 단지 기계에 살을 붙인 존재에 불과하며, 셰익스피어를 읽고 인간과 대결하는 기계 인간의 탄생을 예상했다. 스탠퍼드대의 도구론자들은 AI는 인간 지능의 한계를 확장하는 도구로 이해했고, AI라기보다 IA(Intelligence Augmented, 지능확장)의 개념을 제시했다.

기계주의자들은 인간과 유사한 사이보그를 만들어 인간을 대체하는 방향을 생각했다. 현재의 자율 주행차나 만화영화 〈우주소년 아톰〉의 모습을 그렸으나 아직 실제와는 거리가 멀다. 현실에서는 도구론의 IA 개념을 적용한 다양한 서비스가 실용화되었다. 청소 로봇, 간호 로봇을 비롯해 증권투자의 투자 조언, 재무 분석을 지원하는 회계, 생산 공정의 불량품 감별용 등이 IA의 특성을 가지면서 AI로 불린다.

자율 주행차를 인간을 대체하는 AI로 파악하기도 하지만 달리 보면 인간의 이동을 도와주는 자율형 도구로도 이해할 수 있다. 다만 운전기사의 서비스를 자율 주행 AI가 대체하는 보완재의 역할이다.

아날로그 인간과 디지털 AI 협력이 미래다

AI가 인간과 협력하는 방식과 구조의 중요성과 시사점을 체스 게임에서 인간과 컴퓨터가 대결한 과정에서 얻을 수 있다. 산업 시대는 육체적 능력을 보완하는 물리적 기계의 도입과 활용이 기업 경쟁력의 요체였으나 디지털 시대에는 두뇌의 능력을 보완하는 지능적 기계의 도입과 활용이 중요하다는 점이다. 산업 시대에 동일한 물리적 기계라도 활용하는 사람에 따라 성과 차이가 발생했던 것처럼 디지털 시대의 AI도 인간과 협력하고 활용하는 구조가 성과에 영향을 미친다.

1996년 체스 세계 챔피언 가리 카스파로프(Garry Kasparov)와 IBM의 딥 블루가 체스 대결을 펼쳤다. 카스파로프는 1,500년 역사의 체스 게임에서 가장 위대한 체스 기사로 평가받는 IQ 194의 고수였다. 1984년 스페인에서 열린 세계체스선수권 대회에서 22세의 나이로 최연소 세계 챔피언이 되고 나서 2005년 은퇴할 때까지 21년간 챔피언의 자리를 지켰다. 1996년 2월 딥 블루와의 1차 대결은 카스파로프가 3승 2무 1패로 이겼으나 1997년 5월의 2차 대결은 1승 3무 2패로 지고 말았다.

인간세계의 체스 최고수가 컴퓨터와의 대결에서 패배했다는 소식은 큰 화제가 되었지만 이후 체스에 대한 세간의 관심은 급격히 줄어들었다. 실제로 다른 체스 기사와 컴퓨터의 대결이 이어졌으나 사실상 체스에 한해서 더 이상의 승부는 의미가 없었기 때문이다. 체스의 인기가 낮아지면서 체스 관련 이벤트를 하던 조직에 위기감이 생겨났다. 체스의 기본 구도는 인간과 인간의 대결이었는데 인간과 컴퓨터가 팽팽하게 대결하던 시점까지는 흥행에 도움이 되었다. 그러나 인간이 컴퓨터에 영원히 이길 수 없는 상황이 되자 흥행 구조 자체가 무너진 것이다. 고심하던 체스 토너먼트 주최 측은 아예 개념을 바꾸었다. 체스의 대결 구도를 인간 대 인간, 인간 대 기계의 기존 방식에서 벗어나 인간과 기계가 팀을 이루는 대결로 확대했다.

2005년에 인간과 기계가 팀을 이루어 경기하는 프리 스타일 방식이 도입되었다. 참가하는 인간들은 각자 선택한 컴퓨터와 팀을 이루어 대결했다. 글로벌 최강자 인간과 슈퍼컴퓨터가 팀을 이루어 참전했고 기타 다양한 조합들이 출전했다. 우승자 예측은 최강 인간과 최강 컴퓨터의 조합으로 모아졌으나 예상을 뒤엎은 최종 우승자는 3대의 가정용 컴퓨터를 이용한 미국의 아마추어 선수였다.

고성능 컴퓨터를 사용한 최정상급 프로기사들이 패배한 이번의 원인은 인간과 기계가 협력하는 방식의 차이였다. 데이터를 분석하는 컴퓨터의 전술적 예리함과 창의적인 인간의 전략적 방향성이 상승효과를 만드는 협력 구조가 핵심이었다. 카스파로프는 이러한 시너지를 "컴퓨터는 모든 수에 대한 가능한 결과와 상대방의 응수를 탐색, 인간은 전술적 계산에 시간을 소모하는 대신 전략적 차원의 생각에 몰두할 수 있었다. 이런 조건 아래서는 인간의 창의력이 가장 중요했다."라고 표현했다.

이런 관점에서 미국 MIT 교수이자 AI 전문가 앤드루 맥아피(Andrew McAfee, 1967~)의 주장에 주목할 필요가 있다. 그는 '인간과 기계의 대결'이라는 감성적인 관점에서 벗어나 '인간과 기계의 협력'이라는 미래적인 관점으로 전환해야 하며, 기계와 협력할 수 있는 능력이 앞으로 인간의 핵심 능력이 될 것이라고 주장했다.

앞으로 기술이 발전해도 가치를 잃지 않는 인간의 기능과 능력은 무엇인지 물어봅니다. 그리고 대부분 기계가 할 수 없는 영역, 인간만이 할 수 있는 일이 무엇인지 고민하고 찾으려 하죠. 하지만 저는 굳이 로봇과 경쟁해야 한다는 편견을 버리라고 조언하고 싶습니다. 오히려 인간만이 가진 창의성은 기계와 만났을 때 더 빛날 수 있다고 생각합니다. 앞으로 세계는 기술을 제대로 활용할 줄 알고, 이를 통해 참신한 전략을 짤 수 있는 인재들이 지배할 것입니다. 미래학자 케빈 켈리는 이렇게 말했어요. "앞으로 로봇과 얼마나 잘 협력하느냐에 따라 연봉이 달라질 것"이라고. (…)

기계는 그 자체보다, 인간이 제대로 활용할 때 진정한 시너지가 나는 것입니다. 세계 체스 챔피언이었던 가리 카스파로프가 1997년 슈퍼컴퓨터 '딥 블루'에 패하자, 사람들은 앞으로 체스 게임에서 승자는 무조건 컴퓨터가 될 것이라고 단정하고 흥미를 잃었습니다. 하지만 기계와 사람이 팀을 이뤄 자유롭게 경쟁하는 '프리 스타일' 체스 대회를 보면 늘 그렇진 않죠. 2005년부터 체스 대회는 인간과 기계, 기계와 기계, 인간과 인간 등 다양한 조합으로 팀을 구성해 출전할 수 있었습니다. 인간이 컴퓨터 프로그램의 조언을 참고해 대국하는 인간과 기계 혼합 팀은 가장 강력한 컴퓨터와 대결해서도 승리했습니다.

〈조선비즈〉, '위클리비즈'(2016년 1월 30일)

디지털 시대의 기업은 AI라는 도구를 활용하는 역량에서 성패가 결정될 것이다. 이러한 측면에서 AI 역량의 확보에 접근해

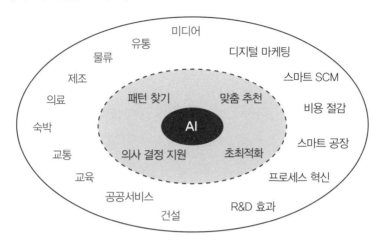

야 한다. 단순히 기술적 능력, 관련 엔지니어의 영입 차원에 머물러서는 한계가 있다. 조직 전체가 AI의 중요성을 이해하고 이를 실제로 활용하기 위한 기술적 능력과 사업적 지식, 필요한 데이터 기반을 확립해야 한다. 그리고 기술, 사업, 데이터의 부분적 최적화가 아니라 조직 전체의 사업 관점에서 전체 최적화를 만드는 AI와 인간의 협력 구조를 만들어야 한다. 미래에는 데이터 분석에 기반한 AI 알고리즘과 인간의 창의성을 접목시키는 조직적 역량이 경쟁력의 핵심이 될 것이기 때문이다. 미래 기업의 경쟁력은 기계가 인간처럼 행동하도록 훈련시키는 것도 아니고 인간을 기계처럼 훈련시키는 것도 아닌 인간과 기계의 효과적인 협력 구조에서 만들어질 것이다.

AI 실용화와 보편화의 시간적 지평

중요하지만 의식되지 않는 대상이 있다. 숨 쉬는 공기가 대표적이다. 공기의 산소가 없으면 인간은 불과 몇 분 만에 의식을 잃는다. 지구상 모든 에너지의 원천인 태양의 햇빛도 사라지게 되면 모든 생명은 종말한다. 이렇듯 공기와 햇빛, 물 등은 중요하지만 보편적으로 존재하기 때문에 의식되지 않는다. 인간이 만든 제품도 마찬가지다. 중요하지만 보편화되어버리면 의식되지 않는다.

전기모터의 사례를 들어보자. 모터는 영국의 과학자 마이클 패러데이(Michael Faraday, 1791~1867)가 1821년에 발명했다. 미국의 니콜라 테슬라(Nikola Tesla, 1856~1943)가 1888년 교류 유도 전동기를 발명하면서 상용화가 이루어졌다. 산업 현장과 가정에서 모터는 중요한 필수품이지만 의식되지 않는다. 집에 있는 모터를 세어보면 보편적으로 보급되어 있음을 실감한다. 일단 집에 있는 모터는 냉장고·세탁기·에어컨·식기세척기 등 가전제품, 보일러 등 난방과 배관이 대표적이지만 현관 자물쇠, 시계, DVD 플레이어 등 눈에 보이지 않는 초소형 모터도 곳곳에 설치되어 있어 정확한 숫자를 세기 어렵다.

엔진도 마찬가지다. 증기기관의 개념적 시제품은 1663년에 출현했지만 상업용은 1776년 제임스 와트(James Watt, 1736~1819)가 발명했다. 당초 석탄광 갱도에 차오르는 물을 배수하기 위해 만들어진 증기기관은 기존의 운송, 물류, 제조업으로 확산되었다. 1807년 미국의 로버트 풀턴(Robert Fulton, 1765~1815)이 상업용 증기선을 개발했고, 1825년 영국의 조지 스티븐슨(George Stephenson, 1781~1848)이 증기기관차를 실용화했다. 증기기관은 19세기 후반 내연기관으로 발전하며 현재는 자동차, 오토바이, 보트, 벌초기, 휴대용 발전기 등 주변에서 흔히 보이는 일반재가 되었다.

모터, 엔진은 물론 모든 제품이 처음 등장하는 시기에는 존재감이 컸지만 보급될수록 역설적으로 존재감이 줄어든다. 1947년에 컴퓨터가 진공관으로 만들어진 군사용 목적의 에니악으로 발명되었다. 이후 1960년대 상업용 컴퓨터가 출현했지만 1980년대 초반까지 컴퓨터는 일반인들에게는 희소한 기기였다. 하지만 이제 컴퓨터 자체는 일상 용품이 되었고 존재감은 떨어졌다. 기업의 업무 과정에 정보 기술을 접목시켜 컴퓨터로 처리하는 프로세스 개선인 BPR(Business Process Reengineering)도 초기에는 존재감이 높았으나 요즘에는 기업 운영의 기본 상식이다.

다음 페이지 도표에서 이러한 과정을 개념적으로 표시했다. 엔진, 모터, 영화, 컴퓨터 등 처음 등장하던 시점에서는 희소하고 가격도 높아 존재감이 크지만 침투율은 낮다. 이후 시장 규모가 커지면서 공급이 늘어나면 가격도 내려가고 침투율이 높아지면서 존재감도 하락한다. 모든 제품은 이러한 경로를 거쳐서 초기의 특수 재화(specialty)가 점차 보통 재화(commodity)로 변모한

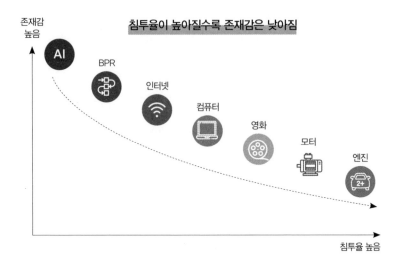

다. 사업 기회는 각 단계마다 다른 특성으로 생겨난다. 초기에는 기술 선도력이 가장 중요하지만 점차 시장 장악력으로 이동하고 후기로 가면 원가 경쟁력이 중요해진다.

현재 AI는 도입 초기로서 존재감이 높고 침투율이 떨어진다. AI를 도입하려는 기업 입장에서는 비용이 높고 기대 효과도 천차만별이다. 그러나 AI의 확산 속도는 아주 빠르다. 경쟁자에 뒤처지지 않기 위해서도 서둘러야 하는 상황이다. 하지만 AI는 물리적 설비 도입처럼 구매해서 설치하면 능사가 아니라 사전적 준비 작업과 역량 확보가 필요하다. 이 부분에서 기업 경영자가 AI 도입에 대해 가져야 할 태도는 로마의 전성기를 시작한 황제 아우구스투스의 "천천히 서둘러라!(Festina Lente!)"라는 좌

우명이다. 여유를 부리면서 시간을 허비하지는 않되 성급하게 추진해 실수를 범해서는 안 된다는 의미의 심모원려(深謀遠慮)가 필요하다.

미국 NASA의 AI 인턴

1969년 유인우주선 아폴로 11호의 달 탐사를 성공시킨 최첨단 기술의 본산 미국 항공 우주국(NASA, National Aeronautics & Space Administration)에 2017년 5월 인턴이 입사했다. 업무 능력 검증 후 이메일 계정을 배정받아 실무에 투입된 인턴의 이름은 '조지 워싱턴'이었다. 서류 정리와 장부 작성 등 담당 업무에서 높은 성과를 보여 동일한 스펙인 '토마스 제퍼슨'이 추가로 채용되었다. 두 인턴의 공통점은 인간이 아니라 봇(bot)이라는 점에 있다.

NASA는 한정된 예산의 효율적 사용을 위한 방안의 일환으로 2016년 봇의 업무 적용성을 검토하기 시작했다. 콜센터 고객 상담용으로 활발하게 도입되었던 챗봇(chatbot)이 인공지능과 결합해 다양하고 복잡하게 진화하는 추세에 주목한 것이다. 미래 NASA 조직에서 인간은 창의적이고 전략적인 업무에 집중하는 한편 반복적이고 정형화된 업무를 봇이 담당하는 분업 구조를 상정한 혁신 프로그램의 결과물이 봇 인턴 채용이다. 프로그램 책임자인 마크 글로리오소는 "봇 인턴은 인간의 대체가 아니라 인간을 지원해 효율성을 높이는 도구로서 유용성이 입증되었다."라고 평가한다.

NASA 봇 인턴의 사례는 1960년대 이후 전개된 인공지능(AI)의 방향성 논란에서 시장은 지능확장(IA)을 선택하고 있음을 나타낸다. 초창기 인공지능 그룹은 만화영화 〈우주소년 아톰〉과 같은 기계 인간을 상정하고 우수한 능력으로 인간을 대체하는 미래를 예견했다. 반면 지능 확장 그룹은 TV 드라마 〈6백만불의 사나이〉처럼 인간의 능력을 확장시키는 도구로서의 잠재력을 우선시했다. 오늘날 '우주소년 아톰'의 출현은 아직 요원하지만 '6백만불의 사나이'는 다양하게 변용되어 실생활에 폭넓게 도입되고 있다.

콜센터에 전화하면 챗봇이 응대하고, 아마존의 인공지능 스피커인 에코도 인공지능 챗봇이 기반이다. 투자펀드는 투자봇이 운영하며, 재무 분석가는 분석봇의 도움으로 작업한다. 입출금 확인, 계약서 검토, 규정 준수 모니터링 등 정형적이고 반복적으로 발생하는 업무는 사무봇인 RPA(Robotic Process Automation)가 처리하고 있다. 현실에서 인공지능(AI)은 지능확장(IA)의 형태로 먼저 진화하고 있다.

4차 산업혁명의 전개로 AI에 대한 관심의 상승에 비례해 오해도 많아진다. '인공지능이 인간의 일자리를 뺏어간다'에서 '인공지능에게 인간이 지배당하는 암울한 세상'에 이르는 다양한 스펙트럼은 '대체와 위협'이라는 공통점을 가진다. 미래 세계에서 인간은 인공지능에 대체되리라는 전망은 기실 18세기 산업혁명 시절 기계 도입을 반대했던 러다이트 운동의 데자뷔다. 단어만 자동 기계에서 인공지능으로 바뀌었을 뿐이다. 하지만 산업혁명 이후의 발전 과정은 인공지능도 인간의 삶을 풍요롭게 하는 도구라는 점을 알려준다.

AI와 파일럿 공중전 대결의 시사점

공중전의 전투기는 당대 첨단 기술의 결정체다. 초음속 전투기 조종사의 임무 수행도 탁월한 본능적 감각에 훈련으로 축적한 경험과 지식이 총동원되어 인간 역량의 한계치를 넘나드는 수준에서 진행된다. 그런데 2020년 8월 하순 인공지능(AI)이 컴퓨터 시뮬레이션 방식의 공중전에서 숙련된 파일럿에게 승리하는 이변이 일어났다.

미국 국방부 산하 고등연구계획국(DARPA)이 주관한 '알파독파이트(AlphaDogfight)'라는 명칭의 F-16 전투기 공중전 대회에서 AI가 미국 공군의 탑건에게 5 대 0으로 완승했다. 전투기 공중전은 지금까지 AI와 인간이 대결했던 서양장기인 체스, 동양의 바둑 등 정태적인 2차원 평면과는 구분되는 3차원의 역동적 공간이어서 큰 관심을 끌었다. 그러나 AI가 인간을 능가했다는 홍

자료: 알파독파이트에서 미국 공군 탑건과 AI 팰코 경기 모습 캡처

미 위주의 단순 도식을 벗어나서 본 프로그램은 미래의 디지털 기술 선도 역량 및 인간과 AI의 협력이라는 관점에서 중요한 시사점을 남겼다. 향후 AI 기술 확장의 방향성에서 새로운 지평을 열었다는 평가를 받는 배경이다.

먼저 디지털 시대에는 참가자 모두가 신참이기에 선두와 후발의 개념이 없으며, 아날로그 시대의 업력과 규모에 상관없이 선도적 위치의 확보가 가능하다는 대목이다. 최종적으로 우승한 AI는 미국의 중소기업 헤론 시스템즈(Heron Systems)에서 개발했다. 헤론의 AI는 다른 7개 회사에서 제출한 AI와의 토너먼트를 거쳐 인간과 대결하는 결승전에 올랐다. 준결승에서 만난 상대방은 최첨단 전투기인 F-22와 F-35를 제작하는 록히드 마틴(Lockheed Martin)의 AI였다. 전투기는 물론 군용 항공기 전반에서 최고의 기술력을 자랑하는 거대 회사를 물리치고 결승에 진출했으니 그야말로 다윗이 골리앗을 이겼다는 비유가 들어맞는다. 헤론의 우승은 디지털 기술의 세계에서는 기술적 선도자의 위치가 과거 아날로그 시대와는 달라진다는 의미를 내포한다.

또한 미국 국방부의 프로그램 기획 의도를 이해해야 한다. 지금까지 체스, 퀴즈, 바둑 등 다양한 분야에서 AI와 인간의 대결로 관심을 모으는 흥행성 이벤트가 이어졌다. 이와 달리 금번은 미래의 공중전에서 AI가 인간 조종사를 지원하는 도구로서의 잠재력 확인이 주요 목적이었다. 미군은 미래 전투 현장의 기본 조건으로 인간과 AI가 팀을 이루어 적과 싸우는 개념으로 접근하고 있다. 육군은 병사와 AI 로봇들로 부대를 편성하고 해군은 유인선과 무인선이 함대를 구성하며 공군은 유인기와 무인기가 편대를 이루는 개념이다. 본 프로그램은 공중전이라는 격동하는 전투 상황에서 인간과 AI가 상호 보완하면서 협력 가능한 영역을 확인하려는 목적이었다. 미래 디지털 시대에 인간과 AI의 기본적 관계와 협력 구조에서 시사점을 준다.

AI는 디지털 시대의 핵심 기술이다. 산업혁명 시대의 엔진, 정보화 시대의 컴퓨터처럼 AI는 미래의 산업은 물론 사회경제 전반의 인프라적 기술로 발전할 예상이다. 아직도 일각에서는 AI를 숙명적으로 인간과 대결하는 파괴적 기술로 치부하는 입장도 존재하지만 이미 우리나라 기업들의 제조, 마케팅, 연구 개발 등 다양한 분야에 접목되어 가시적 성과를 거두고 있다. 본질적으로 AI는 인간이 만든 도구라는 상호작용의 관점이 필요하다.

미국 국방부는 미래 전투 환경에서 승리하기 위해서는 인간과 AI의 협력이 필수적 요소라고 판단하고 있다. 우리나라 기업들도 동일한 맥락에서 미래 사업 환경을 이해할 필요가 있다. 디지털 시대 기업의 생존과 번영에서 기본 조건은 인간과 AI의 협력 능력에 있다. 현시점에서 AI 기술의 도입은 선택이 아니라 필수라는 관점으로 전환해야 한다.

AI 선도자 아날로그 업력과는 별개

미국의 기술 관련 전문 매체인 패스트컴퍼니(Fast Company)는 2020년 AI 분야의 혁신을 선도한 10개 기업을 선정했다. 이 가운데 7개가 창업한 지 7년 이내인 기업이다. 나머지 3개는 반도체 설계 회사인 ARM(1985), 컴퓨터 그래픽 응용프로그램 분야의 어도비(1982), 미국 대형 유통 기업 월마트(1962)다.

AI의 기술혁신에 초점을 맞추었기에 신생 기업이 대다수임은 당연한 현상이고 업력이 40년에 육박하는 ARM과 어도비는 소위 IT 분야라서 수긍이 간다. 하지만 60년 역사의 전형적인 오프라인 유통 기업인 월마트는 의외다. 이는 월마트가 아날로그 사업 모델에 디지털 기술을 접목하면서 AI에 대한 투자를 집중했기 때문이다. 월마트의 온라인 매출은 2020년 2분기

기업	주요 기술	설립연도
파차마	탄소 배출 모니터링	2018
로지컬리	거짓 정보 확인	2017
암	초소형 AI	1985
세리브라스 시스템즈	AI용 슈퍼컴퓨터	2016
알고리스믹 저스티스 리그	AI 차별 억제	2016
월마트	고객 선택 AI	1962
오픈 AI	문장 생성 GPT-3	2015
트루라	AI 설명 가능 플랫폼 개발	2014
어도비	포토샵 AI	1982
위카 IO	GPU 데이터 저장	2013

자료: fastcompany.com(The 10 most innovative companies in artificial intelligence, 2021.3.9)

에 2019년 동기 대비 2배로 늘어났다. 코로나19 시작 이후 원활한 식료품 수급을 위해 과거 및 실시간 쇼핑 데이터를 사용해 품목별로 재고의 부족 시기를 예측하고 알려주는 'Customer Choice'라는 AI 기반 기능을 구축했다. 그리고 온라인 쇼핑 고객이 대체품 제안을 요청하면 개인별로 최대 5개의 선호하는 대체 품목을 표시하는 서비스로 좋은 반응을 얻었고 이는 매출 증가로 이어졌다.

향후 AI 역량이 기업 경쟁력의 핵심으로 예상되는 상황에서

AI 혁신을 주도하는 기업들을 보면 아날로그 업력과 별개로 디지털 시대의 주도권이 형성되고 있다는 시사점을 얻을 수 있다. 이는 기존 기업들이 협력을 통해 단기간에 AI 역량을 확보해야 함을 의미한다. 또한 월마트의 사례처럼 자체적인 투자를 통해 AI 혁신을 주도할 수 있음도 나타낸다. 나머지 AI 혁신 기업들을 간략히 소개하면 아래와 같다.

파차마(Pachama)

창업자이자 CEO인 디에고 사에즈 길은 아르헨티나 출신 컴퓨터 과학자로서 아마존, 쇼피파이 등 슈퍼테크 기업에서 투자했다. AI 기계 학습을 활용해 숲의 위성 이미지를 분석해 숲의 변화 과정과 나무가 흡수하는 탄소량을 파악한다. 아마존 열대우림에서 연간 탄소 흡수 동향을 추적하는 모델을 구축해 주목을 받았다.

로지컬리(Logically)

인도 출신 영국인 리릭 자인이 26세 때인 2017년 창업했다. 2020년 8월 소셜 미디어 사용자들이 SNS 상에서 잘못된 정보를 신속하게 확인할 수 있도록 하는 브라우저 확장 프로그램을 출시했다.

암(Arm)

세계적 반도체 설계 회사다. 컴퓨터와 반도체 칩처럼 AI도 소형화·초집적화로 발전이 예상된다. 거대한 빅데이터에 의한 AI 기기보다 적은 데이터로 역할을 수행하는 소형 AI가 부상하는 추세를 선도하고 있다. 2020년 사물인터넷에서 AI를 사용하도록 설계된 초전력 칩을 개발했다.

세리브라스 시스템즈(Cerebras Systems)

기존 CPU 기반의 슈퍼컴퓨터에 비해 200배 이상 빠른 성능의 AI 기반 슈퍼컴퓨터를 제조한다. 이 슈퍼컴퓨터는 날씨 예측, 비행기 날개 설계, 원자력 발전소의 온도 예측 등 장시간의 공간 내 유체 움직임 시뮬레이션에 사용되고 있다.

알고리스믹 저스티스 리그(Algorithmic Justice League)

'코드화된 균형'을 캐치프레이즈로 내걸고 있는 비영리 기업으로 AI 시스템이 인종과 성별, 기타 편견이 없는지의 확인에 집중한다. 특히 안면 인식 알고리즘 개발 억제에 관심이 많다.

오픈 AI(Open AI)

2020년 5월 15억 개의 파라미터(매개변수)를 사용해 언어를 생성하는 GPT-2를 개발한 이후 불과 6개월 만에 100배를 넘는 1,750억 개의 파라미터를 가진 세계에서 가장 큰 언어 모델

GPT-3를 개발했다. 기계 학습 전문 지식이 없는 개발자도 강력한 언어 예측 기능을 사용하는 환경을 만들었다.

트루라(Truera)

기업 AI 모델이 의사 결정을 할 때 그 과정을 설명하지 못하는 위험을 해소하기 위한 AI의 설명 가능성 연구에서 성과를 내고 있다. 데이터를 통한 오류가 기계 학습 모델로 유입되는 것도 방지하고 있으며 미국에서 실용화 단계에 있다.

어도비(Adobe)

포토샵 사진 전문 프로그램 업체로서 AI와 결합해 새로운 제품을 출시하고 있다. 2020년 사진에 대한 회사의 전문 지식을 뷰파인더에 제공하는 앱인 포토샵 카메라를 출시했다. 사진 촬영 시 자동 조정되어 최상의 품질을 이끌어 내는 기능을 한다.

위카 IO(Weka IO)

실리콘밸리에 설립된 이스라엘 스타트업으로 기존 HDD 기반의 서버 및 데이터 스토리지가 아니라 클라우드 방식의 고성능 GPU 파일 스토리지 관리 등의 디지털 스토리지 서비스를 제공한다. 자율 주행차, 생명공학, 금융 분야 등의 대규모 데이터 저장 시스템을 제공하고 있다.

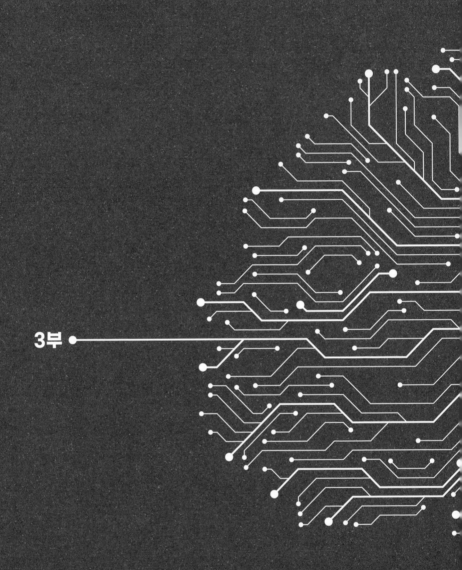

3부

기업의 AI 도입을 위한
현실적 접근

AI 도입을 위한
전략적 프로세스

A I   P I V O T I N G

AI 어려운 것은 쉽고 쉬운 것은 어렵다

"어려운 것은 쉽고 쉬운 것은 어렵다." 로봇공학자 한스 모라벡 (Hans Moravec, 1948~)이 주장한 '모라벡의 역설'이다. 그는 기계에게 어려운 것이 인간에게는 쉽고, 반대로 기계에게 쉬운 것이 인간에게 어려운 상황을 한마디로 압축했다. 걷는 동작이 대표적이다. 인간에게 유아기에 걸음마를 배운 이후에는 자연스럽고 쉬운 동작이다. 그러나 로봇에게 두 다리로 걷는 동작은 아주 어렵다. 문을 열고 닫는 동작도 마찬가지다. 인간에게 손잡이를 잡고 돌려서 문을 열고 들어가는 동작은 기본이지만 로봇에게는 고난도다. 반대로 지능형 기계인 컴퓨터에게 대용량 계산은 순식간에 처리하는 쉬운 작업이지만 인간은 시도조차 하지 못한다.

이러한 역설은 진화 과정에서 비롯되었다. 인간에게 걷는 동작은 수백만 년 동안 진화해온 결정체다. 특히 두 다리로 걸을 때 신체의 모든 골격과 근육, 신경이 수축과 이완을 반복하면서 균형을 잡는 연속적 과정은 본능적이지만 막대한 진화의 유전자가 집약되어 있는 동작이다. 반면 계산 능력은 인간의 진화 과정에서 비교적 최근에 계발되었다. 20세기에도 원시림의 부족들은 단순한 연산도 하지 못했지만 이들의 후각과 청각 능력은 상당한 수준이다. 이는 생존에 필요한 만큼 신체적 능력과 지능적 역량이 발전하기 때문이다. 마찬가지로 현대인들이 직접 수행 가능한 연산은 극히 제한적이다.

AI도 비슷한 맥락이다. 이미지 판독이 대표적이다. 최근 딥러닝으로 유명해진 사례로 '개와 고양이의 구별'이 있다. 인간은 초등학교 정도의 연령에서 개와 고양이는 직관적으로 구분한다. 아이들이 태어난 이후 접한 개와 고양이의 실물과 이미지는 많아야 수천 사례에 불과하다. 하지만 20세기까지 컴퓨터는 이미지를 읽고 차이점을 파악하고 판단하는 것이 불가능했다. 21세기에 들어와서 슈퍼컴퓨터를 활용하고 수억 장의 이미지로 학습하고 나서야 겨우 가능해졌다. 역시 인간이 진화하는 과정에서 생존에 필요한 사물의 추상화 능력이 발달했기 때문에 이미지 판독에서 이러한 역설이 생겨난다.

AI를 산업 현장에 접목하는 부분에서도 동일하다. 사전적으로 쉽고 어려운 부분을 판단하기에는 난점이 있다. 실제로 가설을 수립하고 필요한 데이터를 확보해서 분석해야 유효성을 정확히 판단할 수 있다. 성공과 실패의 경험이 반복 축적되면서 사전적 판단의 정확도도 높아지겠지만 기본은 동일하다. 특히 AI가 적용되는 초기인 현시점에서는 사전적으로 효과를 예단하기는 무리다.

AI가 만병통치약은 아니다

동서고금을 막론하고 인간에게는 새로운 현상에는 지나치게 적대감을 가지거나 과도하게 기대하는 속성이 있다. 역사적으로 소위 혁명적 사건들인 농업, 기계, 컴퓨터 모두가 이러한 경로를 거쳐왔고 AI도 마찬가지다.

특히 기업 현장에서 AI에 대한 대표적인 오해가 일종의 자동적 시스템이라는 인식이다. 마치 원재료를 투입하면 자동화된 생산 설비에서 제품이 쏟아져 나오듯이 데이터를 투입하면 AI 알고리즘이 작동해 원하던 분석 결과가 산출된다고 이해한다. 나아가 이러한 결과를 현업에 적용하면 그동안 인간의 능력으로 해결하지 못하던 과제들에 대한 해답을 얻을 수 있을 것이라 기대한다. 하지만 현실과는 거리가 멀다. AI는 데이터를 투입하면 해답을 산출하는 자동기계도 아니고 AI 산출물이 만병통치약도 아니다. 실제로는 반은 맞고 반은 틀리다. AI는 지속적으로 개선하는 과정에서 사용하는 도구다. 논리적으로 입증된 '회귀 분류-추천-지도 학습'의 방법론을 적용해 데이터 분석을 통한 의사 결정의 정확도를 높인다.

기업은 다양한 프로세스의 집합체다. '기획-조달-생산-판매-물류-연구 개발'에 이르는 전 과정에 걸쳐 끊임없이 과제가 발생하고 해결하면서 전체적 효율을 높여가는 유기체다. 경영은 각각의 프로세스에서 산출되는 정보와 데이터를 분석해 개선 방안을 수립하고 적용하는 순환 과정이다. 이는 사업 조직이 생겨난 이후부터 진화해왔다. 다만 이를 적용하는 기술적 기반이 기호와 문자, 컴퓨터와 네트워크로 발전해왔을 뿐이다. 아날로그 시대에도 이러한 과정은 부단하게 진행되었다. 이런 관점에서 기업에게 AI는 21세기에 실용화된 경영 지원 도구다. 따라서 각자의 입장에 맞게 도입하고 적용하면 된다. 그러나 이러한 적용 과정이 동일하지는 않다. 기술적 기반은 같아도 이를 응용하는 과정에서 산업과 사업의 특성이 있기 때문이다. 각자의 입장에 따라 기술, 도입 영역, 기대 효과 등이 모두 다르기 마련이고, 이러한 부분의 선택에 따라 결과는 천차만별이다.

현대 제조업의 자동 생산 공정은 그 자체로 독자적 진화의 산물이다. 각자 소속된 산업과 사업의 특성에 따라 원재료 투입과 생산, 품질관리에 이르는 반복적 과정에서 축적한 경험과 지식이 자동화 프로세스에 녹아 있다. 현시점에서 보기에는 자동이지만 그 과정은 오랜 진화의 산물이다. AI도 마찬가지로 경험이 축적되고 범용화가 진행되는 미래에는 현재보다 자동 생성되는 솔루션의 특성이 커질 예상이다. 하지만 현재 이러한 과정을 시작하지 못하면 AI 발전의 추세를 따라가기는 어렵다.

미래 사업 전략의 필수 요소인 AI

기업의 현재는 과거의 축적이다. 그리고 현재의 의사 결정은 미래를 결정한다. 따라서 기업에게 현재 부상하는 새로운 기술과 시장의 탐색은 미래를 향한 사업 전략 수립의 전제 사항이다. 이러한 관점에서 디지털 전환의 시대에 AI는 미래 사업 전략의 필수 요소다. 미국의 경영 전문지 〈포브스(Fobes)〉는 사업 전략에 반영할 AI 전략의 방향성과 관련해 15명의 AI 전문가들의 견해를 취합했다(15 Tech Leaders' Tips For Developing An AI Strategy For Your Business, 2021. 3. 29).

① 비즈니스 로드맵에 AI를 포함하라.
AI가 배제된 비즈니스 전략은 실질적 의미가 없다. AI 도입을 위해서는 전체 조직이 AI에 대한 편견을 없애고 이해도를 높여야 한다. 이를 위해 데이터 중심의 의사 결정 문화를 정착시키는 것이 중요하다.

② 목표는 명확하게, 계획은 신중하게.

AI의 성공에는 명확한 목표의 설정이 필요하고 인간의 역량을 보완하는 도구로서 접근해야 한다. 디지털 시대의 경쟁력을 유지하고 고객을 확보하기 위해 AI 도입이 필수임을 명심해야 한다.

③ 명확한 데이터 전략이 출발점이다.

신뢰할 수 있는 데이터는 AI 혁신의 출발점이다. 따라서 데이터 전략은 AI 도입의 전제 조건이다. 최근 데이터 기술의 급속한 발전으로 데이터 수집과 해석에 필요한 비용과 시간은 크게 절약되고 있다.

④ 현실적인 기대치를 설정하라.

AI는 모든 문제를 해결하지 못한다. AI 기술을 활용해 구현 가능한 비즈니스적 가치의 평가가 시작점이다. AI 전문가와 도메인 전문가들의 협력으로 AI 기술을 적용한 현실적인 기대 수준을 설정해야 한다.

⑤ 노 코드(No Code)와 로 코드(Low Code) 플랫폼을 고려하라.

AI 전략은 미래 성공의 기본 조건이다. 최근 AI 기술은 범용화로 접근이 용이해지고 있다. 이러한 저비용 고효율 AI 기술을 적극 활용해야 한다.

⑥ 고객 관계 영역에 우선적으로 적용하라.

기업들의 AI 전략에서 가장 각광받는 영역은 고객 관계와 고객 경험이다. 고객 이탈을 방지하고 수익을 늘리기 위한 고객 경험(CX, Customer Experience) 분야를 우선적으로 고려하라.

⑦ 업무 효율성 제고에 중점을 두어라.

AI를 사용하면 직원들에 대한 데이터 교육이 없어도 업무 효율성을 높일 수 있다. 기존의 IT 인프라를 활용하면서 AI를 적용하는 방안을 모색하라.

⑧ 데이터 해석 역량을 확보하라.

AI는 데이터를 해석하고 의사 결정을 지원해 업무 프로세스의 속도를 높인다. AI 도입이 선택이 아니라 필수인 이유다.

⑨ AI와 기존 기술과의 융합성을 확인하라.

기존에 사용 중인 기술 및 데이터와의 연계와 융합 가능성에 대한 확인이 필요하다. 기존의 시스템을 활용하는 AI 전략은 비용과 효과의 측면에서 장점을 가진다.

⑩ 자연어 처리 기술의 잠재력에 주목하라.

자연 언어 처리(NLP) 기법은 잠재력이 매우 높다. NLP는 다양한 비정형 데이터를 활용 가능한 콘텐츠로 바꾸어준다. 다수의 전문가들은 향후 기업들의 대내외용 콘텐츠가 5년 내에 AI 모델로 접근할 것으로 전망한다.

⑪ AI가 저급한 소프트웨어의 오류를 수정하지는 않는다.

머신 러닝(Machine Learning, 기계 학습)이 효과적으로 사용된다면 효율성과 생산성, 의사 결정에 긍정적 영향을 가져온다. 하지만 AI는 이미 부적절하게 설계된 소프트웨어나 낙후된 플랫폼의 한계를 수정하지는 못한다. 데이터가 부족하면 오히려 편향과 부정확성을 유발하는 악성 도구로 전락한다.

⑫ AI로 발생하는 새로운 보안 위험을 이해하라.

AI의 발전은 새로운 보안 문제를 만들어낸다. AI가 분석 모델의 정확성을 높이지만 철저한 보안이 전제되어야 지속적으로 활용이 가능하다.

⑬ AI로 사이버 보안 역량을 높여라.

AI를 적용해 사이버 보안 수준을 높이고 데이터 침해를 방지할 수 있다. AI로 두 영역의 역량을 높여야 한다.

⑭ AI로 인력의 대체가 아니라 혜택을 만들어라.

AI는 인간을 위한 미래다. AI는 단조로운 작업을 지원하고 인간은 고차원의 창의적 작업을 수행하는 도구다. 조직원들은 AI와의 분업 구조를 통해 자신의 역량을 발전시킬 기회를 가질 수 있다. 기업은 AI가 조직원을 대체하지 않고 혜택을 받도록 방향성을 가져야 한다.

⑮ 안전한 AI 활용 기준을 설정하라.

AI가 배제된 미래는 없다. 기업 내부적으로 책임감 있고 안전한 AI 활용을 위한 기준을 설정해야 한다.

AI 도입을 위한 실전 프로세스

각종 미디어에서 AI 관련 기사와 분석이 넘쳐나지만 주위를 둘러보면 AI가 이 정도의 잠재력을 가진 것이 맞는지 체감하기란 쉽지 않다. 아직 산업 전반에 AI가 적절히 도입되지 못했기 때문이다. 많은 기업인이 AI 기술의 잠재력을 높게 평가하면서도 실제 AI를 활용해 사업 구조를 혁신하는 데 어려움을 겪고 있는 가장 큰 이유는 AI 기술 자체가 가진 어려움과 관련이 있다. 기업들이 AI를 적극 활용해 사업 구조를 혁신하기 위한 5단계 절차는 다음과 같다.

1 | 효율적인 AI 매니지먼트 인력 양성

AI 도입을 위해서는 비즈니스 영역 탐색, 목표 수립, 데이터 수집 및 적재, AI PoC(Proof of Concept) 모델 개발, 상용화 모델 개

| AI 매니지먼트 인력 양성 | 파일럿 프로젝트 실시 | 경영진 및 AI 엔지니어 교육 실시 | 확장된 AI 프로젝트 실시 | AI 기반 진입 장벽 구축 |

발 등 총 5가지 프로세스를 거쳐야 한다. 대부분의 사람은 이 5가지 프로세스 대부분을 고도의 공학적 지식과 코딩 능력을 갖춘 AI 전문가가 주도해야 한다고 생각한다. 하지만 더 큰 성과를 내기 위해서는 이 5가지 과정 중 무려 4개 과정은 사업에 대한 높은 이해도를 갖고 있는 일반 경영 관리자들이 주도해야 한다. 마지막 상용화 모델 개발만 엔지니어들이 주도하는 게 바람직하다. 컴퓨터과학자인 앤드류 응(Andrew Ng) 스탠퍼드대 교수는 "처음 몇 개의 AI 프로젝트가 성공하는 것이 가장 가치 있는 AI 프로젝트들이 성공하는 것보다 중요하다."라고 말했다.

실제로 진행했던 프로젝트의 경험을 비추어봤을 때 AI 내재화 과정에서 응 교수의 주장이 매우 타당하다는 점을 실감한다. 하지만 대부분의 기업은 파일럿 프로젝트를 추진할 수 있는 인력이 존재하지 않는다고 상황을 진단한다. 이는 잘못된 생각이다. AI를 쉽게 활용할 수 있는 툴(예를 들어 마이크로소프트의 Azure Machine Learning Studio, Rapidminer, 삼성SDS의 Brightics AI 등)을 활용하면 코딩에 대한 지식이 전무한 경영 관리자들, 심지어 철학이나 예술을 전공한 사람들도 약 30시간 정도의 교육만으로도 얼마든지 가설을 세우고 데이터를 모아 AI PoC 모델을 개발할 수 있다.

이런 역할을 할 수 있는 사람이 바로 AI 매니지먼트 인력이다. 이 인력들은 AI 관점에서 기업에 큰 의미를 주는 파일럿 프로젝트를 수행할 수 있는 역량을 갖추고 있으며 데이터 수집, 수행, 운영, 관리 등의 과정을 총괄할 수 있다. AI 매니지먼트 역할을 수행하기 위한 필수 역량은 코딩이 아니라 산업과 직무에 대한 이해도다. 산업이나 직무에 대한 높은 이해도는 현업에서 일어나는 여러 가지 사안의 인과관계를 인지하고 있으며 정량화된 데이터를 바탕으로 비즈니스적인 인사이트를 도출할 수 있음을 의미하기 때문이다.

AI 매니지먼트 인력은 AI 알고리즘 개발이 주요한 목표가 아니다. 이미 개발된 AI 기술을 산업에 활용하는 것이 주요 목표다. 현업에 바쁜 경영 관리자들에게 굳이 과도한 시간과 비용이 수반되는 파이선(Python) 등의 코딩을 가르칠 필요가 없다.

2 | 비즈니스 이해를 바탕으로 파일럿 프로젝트 실시

AI 매니지먼트 인력 양성 프로세스를 통해 산업 이해도가 높은 현업 인력들이 AI 매니저 역할을 수행하게 되었다면 파일럿 프로젝트를 추진할 수 있는 동력이 생긴다. AI 매니저는 현업에서 주어진 데이터와 투입 가능한 인적 자원을 바탕으로 기술적으로 달성 가능한 프로젝트를 기획하고 진행해야 한다.

파일럿 프로젝트를 킥오프하기 전까지 여러 의사 결정이 있을 수 있다. 내부에서도 서로 다른 의견이 제기될 것이다. 심지어 구글에서도 딥 러닝 기술의 적용에 대해 회의적인 시각을 가진 직원이 많았다고 한다. 그로 인해 구글도 상대적으로 민감도가 낮은 음성인식의 정확도를 높이는 프로젝트를 먼저 추진해 AI의 성과를 조직원들이 큰 부담 없이 체감할 수 있도록 유도했다. 민감하지 않은 분야에서 먼저 성과를 내서 AI에 대한 직원들의 인식을 개선한 후 구글의 핵심 비즈니스인 광고나 지도 등과 관련한 프로젝트를 진행해 성공을 이어갔다.

구글의 사례에서 보듯이 AI 매니저가 보유하고 있는 산업에 대한 인사이트를 최대한 활용해 내부 조직원들의 이해도를 충분히 높이고, 여러 의사 결정 프로세스에서 AI가 수용되는 토대를 마련하는 것이 좋다. 해당 산업에 대한 지식 없이 외부에 제안하는 프로젝트에 비해 성공 확률이 훨씬 높을 것이다. AI 매니지먼트 인력을 양성하는 시점부터 최초의 AI 파일럿 프로젝트가 도출될 때까지의 기간은 6개월 이내로 제한하는 게 바람직하다. 이 이상 길어지면 조직 내에서 AI에 대한 회의론이 확산될 수 있다. 따라서 가급적 6개월 내에 구체적인 성과를 달성할 확률이 높은 분야에서 프로젝트를 선정하는 게 좋다.

산업에 대한 이해도가 높은 인력이 AI 프로젝트를 주도하면 해당 프로젝트에 대한 설득력이 높아질 뿐만 아니라, 결과물에 대한 분석을 기술적 관점이 아닌 비즈니스적 관점으로 해석할 수 있다는 장점이 있다. 비즈니스 관점에서 파일럿 AI 프로젝트의 가치를 의사 결정자에게 적합한 형태로 보고할 수 있으며, 의사 결정자는 난해한 기술 용어가 아닌 비즈니스적으로 해석된 보고서를 바탕으로 AI 프로젝트에 대한 명확한 의사 결정을 할 수 있을 것이다.

3 | 경영진(임원) 및 AI 엔지니어 교육 실시

파일럿 프로젝트를 통해 AI가 기업의 경쟁력을 높일 수 있다는 것을 증명했다면 기업 내부에서는 모멘텀(성장 동력)을 확보했다고 볼 수 있다. 이 모멘텀을 바탕으로 AI 도입이 확산되기 위해서는 두 그룹에 대한 교육이 필요하다.

우선 AI에 대한 경영진의 이해도가 높아질수록 AI의 품질 자체가 달라진다는 점에서 경영진(임원) 교육은 필수적이다. 경영진 교육은 AI가 기업에서 어떻게 활용될 수 있는지를 명확히 이해하며, 이에 따른 전략을 개발하는 것을 목표로 한다. 이때도 코딩이 수반된 형식의 어려운 교육보다도 코딩 없이 AI 모델을 실습할 수 있도록 교육 내용을 구성하는 게 바람직하다. 의사 결정을 내리기에 적합한 형태의 AI 교육은 실습을 포함해 7시간 내외의 교육으로도 충분히 목적을 달성할 수 있다. 한 국내 기업이 코딩이 수반된 교육을 경영진에게 실시한 사례가 있는데, 경

대상 및 교육 시간	목표	커리큘럼
임원 및 간부 (4시간 이상)	− AI가 수행 가능한 영역을 이해 − AI 전략 개발의 개념, 적절한 자원 배분 의사 결정 방식 − AI 실무 진행팀과 의사소통하고 협업하기 위한 기본 역량 확보	− 기본적인 AI 기술, 데이터, AI로 가능한 영역 또는 불가능한 영역을 구분하고 AI에 대한 기본적인 비즈니스적 이해 − AI가 기업 전략에 미치는 영향에 대한 이해 − 인근 산업 또는 특정 산업의 AI 응용에 대한 사례 연구
AI 프로젝트를 수행하는 부서 리더 (12시간 이상)	− AI 프로젝트의 방향 설정, 자원 할당, 진행 상황 모니터링 − 프로젝트를 실제로 성공적으로 수행하는 역량	− 기본적인 AI 기술, 데이터, AI로 가능한 영역과 불가능한 영역을 구분하고 AI에 대한 기본적인 비즈니스적 이해 − AI에 대한 기본적인 기술적 이해로서 주요 기계학습 알고리즘과 요구사항을 포함 − AI 프로젝트의 워크플로와 프로세스, AI 팀의 역할과 책임, AI 팀 관리에 대한 기본적 이해

영진에게 불필요한 피로도를 주면서도 의사 결정과 큰 관련 없는 내용이라는 평가를 받았고 결국 좋은 성과를 내지 못했다고 한다.

　AI 엔지니어를 대상으로 한 교육은 AI 파일럿 프로젝트가 유효함을 AI 매니저로부터 증명받은 이후부터 시작된다. AI 상용화 모델을 만드는 역량을 갖추도록 유도하는 게 목적이다. AI 매니저들이 실제 AI가 필요한 영역을 탐색해 발굴하고 검증하는 역할을 담당한다면 AI 엔지니어들은 이를 토대로 경쟁력 있는 AI 모델을 지속적으로 고도화하는 역할을 담당한다. 전통적인 AI 엔지니어 영역에 대한 교육과 AI 보편화 흐름에 맞는 시스템 활용 능력을 갖추도록 유도하는 2가지 형태의 교육이 필요하다.

기업의 상황에 따라 다를 수 있지만 AI 엔지니어의 경우 공학적인 지식이 요구되는 경우가 많다. 최근 AI 엔지니어의 역할을 수행할 수 있는 솔루션이 다수 개발되고 있다. AI 엔지니어를 충분히 확보하기가 힘들다면, AI 매니저가 쉽게 활용할 수 있는 솔루션을 채택하는 것도 유의미한 방법이다.

4 | 확장된 AI 프로젝트 실시

1~3단계의 과정을 거치며 양성된 AI 매니지먼트 인력과 AI 엔지니어 인력을 바탕으로 AI 적용 범위를 확대해 본질적인 경쟁력을 확보할 수 있도록 AI 시스템을 확보하는 것이 4단계의 핵심 목표다. 초기 AI 프로젝트의 성과를 기업 내부에 공유할 수 있다면 4단계는 보다 원활하게 진행할 수 있다.

실제로 프로젝트를 수행한 중고차 거래 플랫폼에서는 중고차 시세를 예측하는 모델을 개발해 AI 기반 서비스를 성공적으로 운영하고 있다. 이 과정에서 조직 전체의 AI에 대한 이해도가 높아지다 보니 이후 사용자에게 최적화된 차량을 추천해주는 개인화 AI 시스템 개발 등이 성공적으로 진행되었다. 또 중고차 거래 플랫폼을 뛰어넘어 다른 영역에도 AI 도입을 추진하고 있는 상황이다. 따라서 인력 양성 과정을 통해 AI 전문 조직이 구축되고 첫 프로젝트를 수행하고 나면 AI 영역의 확장이 이루어질 수 있도록 적극적인 의사 결정과 실행을 해야 한다.

5 | AI 기반의 진입 장벽 구축

AI의 위력은 선순환 구조에 있다. 산업에 대한 이해도가 높은 인력이 AI를 개발할 수 있다면 적은 인력으로 AI를 활용해 경쟁력을 높일 뿐만 아니라, 소비자 친화적으로 최적화된 AI가 개발과 발전을 거듭하는 선순환 구조를 마련할 수 있다. 즉 최적화된 AI는 보다 나은 제품이나 서비스의 출시를 가능케 하고, 이로 인해 더 많은 고객을 확보하고, 더 많은 데이터를 활용해 AI가 고도화하는 효과를 누릴 수 있다. 이런 선순환 구조는 더 큰 네트워크 효과를 기업에게 제공해주기 때문에 시장 지배력을 확대할 수 있다.

구글은 2019년 6월 XLNet AI 시스템을 발표했다. 구글의 기존 자연어 처리 모델보다 오류율을 약 16% 개선한 모델이다. 구글은 AI 기업의 주요 자산이 될 수 있는 기술들을 개방하고 있다. 그 이유는 이미 구글이 번역 데이터 등에서 앞서 말한 선순환 구조를 확립했기 때문이다. 또 동일한 기술을 다른 기업에서 활용한다 해도 구글이 가진 방대한 양의 데이터를 따라잡기

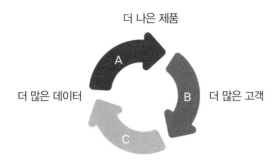

가 힘들기 때문에 얼마든지 경쟁력을 유지할 수 있을 것으로 판단했기 때문이다. 이는 선순환 구조가 강력한 진입 장벽이 될 수 있음을 의미한다. 과거에는 규제, 규모의 경제, 전환 비용, 자본 비용 등이 중요한 진입 장벽의 원천으로 작용했다. 하지만 네트워크 시대에는 데이터가 가장 중요한 진입 장벽의 원천이 되고 있다. 이제 기업은 AI 역량을 신속하게 내재화해 강력한 진입 장벽을 구축함으로써 경쟁 우위를 유지, 강화해야 한다.

AI 전문가와 도메인 전문가의 역할 분담

AI 원천 기술은 대부분 20세기에 개발되었다. 하지만 인프라 등 여러 가지 이슈로 인해 기술이 빠르게 확산되지 못했다. 그러다 2011년 이미지 인식 성능 평가에서 26%였던 오인식률이

2015년 3.5%로 급격히 줄어들면서 전문가들 사이에 신경망 기반 인공지능(딥 러닝) 기술이 재조명되었다.

불과 5년 만에 AI 기술이 갑작스럽게 부상하면서 막연한 불안감도 확산되었다. AI의 핵심 알고리즘을 연구하는 것과 AI를 활용하는 것을 동일시하는 사람도 늘었다. AI를 활용하려면 수학적으로 깊은 이해가 필요하며 박사 학위 논문을 쓰는 수준의 연구를 해야 한다는 인식이 확산된 것이다. 고도의 공학적 지식을 가진 인재만이 AI를 활용할 수 있을 것이란 생각은 AI에 대한 심리적 장벽을 높게 만들었다. AI는 누구나 배울 수 있는 영역이 아닌 소수의 전문가 집단을 위한 분야라는 인식이 아직까지도 팽배하다.

하지만 AI 기술은 보편적으로 누구나 사용할 수 있는 방향으로 급속히 발전하고 있다. 구글, 마이크로소프트, 아마존 등 AI 선두 기업들은 이를 위한 기술혁신을 이어가고 있다. 이에 따라 AI는 소수의 전문가만이 활용할 수 있는 기술이 아니라 일반인들도 비교적 짧은 시간 안에 핵심 기술을 활용해 사업을 혁신할 수 있는 대중화, 보편화의 길이 열리고 있다. 따라서 기업들은 AI 전문가를 채용하는 방법 외에 내부 직원 육성을 통한 AI 활용이란 대안을 모색할 수 있다.

실제 업계를 선도하는 기업들은 AI 보편화라는 트렌드에 부합하는 최적화된 교육과 정책을 통해 AI 역량을 기업에 내재화하기 위한 다양한 시도를 펼치고 있다. 특히 공학적 배경이 전

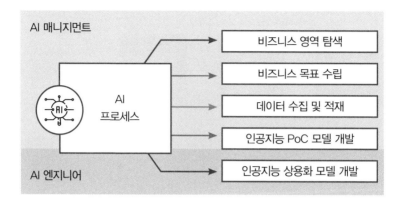

무한 전략이나 인사, 마케팅, 재무회계 분야 등의 전문가도 AI 를 쉽게 활용할 수 있도록 유도해 사업 혁신을 이루어내는 기업들이 등장하고 있다. 기업이 AI를 활용해 성과를 내는 과정에서 AI 기술에 대한 이해보다 더욱 중요한 요소가 있다. 바로 산업에 대한 인사이트다.

다시 말하지만 AI는 소수의 전문가 집단만을 위한 분야가 아니다. 철학이나 문학, 예술을 전공한 사람들도 30시간 정도의 교육만 받으면 얼마든지 AI를 활용해 기업 활동을 혁신하고 경쟁력을 높일 수 있다. AI를 도입하기 위한 5가지 프로세스 과정중 처음 4가지 영역은 코딩이나 공학 지식이 없더라도 얼마든지 수행할 수 있다. 상용화 모델을 개발할 때 비로소 코딩 등 공학지식이 필요하다.

AI 도입을 위한 가장 중요한 방향성은 기술 전문가와 사업 전

| 인공지능을 조직에 도입하기 위한 가장 중요한 방향성 |

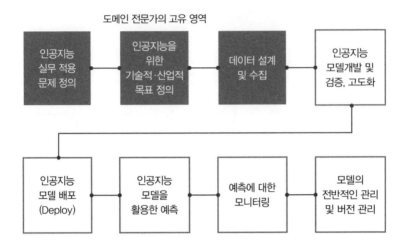

자료: 인공지능 실무 적용을 위한 전체 Machine Learning Workflow(Google)

문가의 역할 구분에서 시작한다. 사실상 일반 기업에서 적용하는 AI 기술을 이미 상당 수준 범용화되어 있다. 따라서 AI 도입에서 기술 지식이 필요조건이라면 사업 지식, 도메인 지식은 충분조건이다. AI 기술이 없이 AI 도입은 성립하지 않지만 기술만으로는 한계가 있다. 그렇다고 사업 지식만으로는 기존의 방식만을 되풀이하게 된다. 따라서 AI 기술과 사업 지식의 접목이 성공의 출발점이다.

도메인 전문가는 초기 단계에서 중요하다. AI 기술을 적용하려는 영역의 문제를 정의하고, 실무적 추진을 위한 구체적인 기술적·산업적 목표를 정의한 후 필요한 데이터를 수집하는 역할이다. 이 과정에서 AI 기술 전문가와 의사소통과 협력은 진행하겠지만 기본적으로 도메인 전문가가 주도해야 한다. AI는 문제를 해결하는 도구이기 때문이다. 따라서 문제 정의가 잘못되면 도구인 AI가 엉뚱한 용도로 사용되게 되고 소기의 목적을 달성할 수 없다. 예를 들어 땅을 파야 한다면 포클레인을 동원해야지 트럭을 사용하면 안 된다. 즉 땅을 판다는 문제를 정의하면 이에 따라 포클레인이라는 도구를 동원하듯이 문제에 따라 적용하는 AI의 종류와 구조가 달라진다.

도메인 전문가에 의해 문제가 정의되고 실무적 목표가 설정된 후 데이터를 설계하고 수집이 진행되면 주도권은 AI 기술 전문가에게 넘어간다. AI 모델을 개발하고 검증하는 과정을 거쳐 유효한 모델을 수립하는 영역이다. 일단 실효성이 확인되면 지속적으로 모델을 고도화해 정확성을 높인다. 확립된 모델을 실무 부서에 배포하고 이를 활용한 경영 관련 변수를 예측하고 모니터링해 해당 프로세스의 효율을 높인다. 이후 모델이 안정화되면 계속 개선해가면서 사업을 지원하는 기본적 시스템으로 발전시킨다. 물론 이 과정에서 도메인 전문가와도 지속적으로 협력한다. 이때 진행 단계에 따라 업무의 비중과 주도권이 변화한다. 초반에는 도메인 전문가의 역할이 크지만 점차 후반으로 갈수록 AI 기술 전문가가 주도하게 된다.

다만 도메인 전문가의 영역은 소위 현장 경험과 시장 감각에 기초해 지속적으로 모델을 개선시키는 입력 요인으로 자동화에 한계가 있다. 인간이 계속 역할을 수행해야 한다. 반면 AI 기술 전문가의 영역은 일단 안정화되면 상당 부분 자동화가 가능하다는 차이가 있다.

AI 팀과 현업 전문가 간 상호관계 설정

기존의 질서를 변화시키는 새로운 요소가 들어오면 자연히 조직은 긴장한다. 기업의 경영진 차원에서 AI 도입을 결정하더라도 조직원 차원에서의 반응은 각자의 입장에 따라 다양한 스펙트럼을 보인다. 총론 찬성, 각론 반대인 경우가 많다. 이는 AI 도입에 대한 막연한 불안감과 거부감에서 실질적인 조직 내 위상의 변화와 직결되는 문제이기 때문이다.

일단 AI가 도입되면 인간의 영역이 축소된다는 생각을 하는 경우가 많다. 또한 AI 도입은 수긍하지만 왜 지금 내가 관련된 영역이냐는 반감도 생겨난다. AI 기술이 아직 안정화되지 않아서 실질적인 효과가 미지수인데 하필이면 현재 자신의 업무와 관련된 영역에 AI가 우선적으로 도입되어 일종의 시범 케이스가 되는 점에 대한 거부감들이다. 현업에서 이러한 거부감이 계속되면 AI 도입 자체가 어려워질 가능성이 높아진다. 현업 전문가들의 도메인 지식이 적극적으로 AI 모델과 접목되어야 성공하기 때문이다. 경영진들은 이 부분에 대해 실질적인 대응 방안

AI 커뮤니티

간격(Gap)

일반 조직

코딩 능력의 결여
수학 실력의 미비
시간 부족
AI 전문 지식의 부족
도메인 전문 지식의 부족

자료: 알고리즘랩스

을 가지고 있어야 한다.

새롭거나 특수한 분야는 소위 특정 집단의 커뮤니티를 형성시
킨다. AI도 마찬가지다. 최근 급부상하는 새로운 영역으로 전문
가들 간의 다양한 차원의 커뮤니티가 형성되어 있다. AI 기술을
발전시키고 가능성의 지평을 확대하는 전문가로서의 역할을 한
다. 그리고 AI는 초기 단계로서 전문가들과 일반인들 사이에는
코딩 능력, 수학적 이해도, 실무 경험 등의 격차가 상당히 크다.
앞으로 범용화되면서 이 간격은 줄어들게 된다. 단위 기업의 조
직 차원에서도 마찬가지다. 사내의 소수 AI 전문가와 다수 기존
직원 간의 간격이 상당히 크다. AI 도입에 따른 조직 차원의 거
부감을 최소화하면서 이 간격을 신속하게 줄이는 것이 경영진

의 과제다. 이는 적절한 수준의 교육을 통해 이해도를 높이며 작지만 성공적인 AI 프로젝트를 수행해 신뢰도를 높이며 직원들의 경험을 쌓아가는 방향으로 진행해야 한다.

그리고 AI 커뮤니티를 조직 내부의 관점에서만 접근할 필요는 없다. 외부의 AI 역량과 연계해 내부의 다수 직원들의 AI 이해도와 경험을 높일 수 있다면 부작용을 최소화하고 조직 전체의 AI 역량을 상승시킬 수 있기 때문이다.

통합적 지능 도구로서의 AI

매스웍스(MathWorks)에 따르면 AI가 지능을 발휘하도록 하려면 3개의 'I'가 필요하다. 인사이트(Insight, 통찰), 인테그레이션(Integration, 통합), 임플리멘테이션(Implementation, 실행)이다. 인사이트란 현장의 페인 포인트(pain point, 통점)를 정의하고, 자신의 업무 중 어디에다 AI를 적용할지 아이디어를 발굴하는 것을 의미한다.

AI 기술이 점점 대중화되며 고도화되는 맥락에서 AI를 효과적으로 활용하기 위해서는 앞서 말한 3개의 'I' 중에서 인사이트, 통찰이 가장 중요하다. 인사이트는 특정 산업에 대한 경험을 바탕으로 축적된 직관, 노하우 등을 의미한다. AI에 가장 큰 영향을 미치는 것은 당연히도 데이터다. 데이터가 보석이라면 보석

| 통합적 지능 도구로서의 AI |

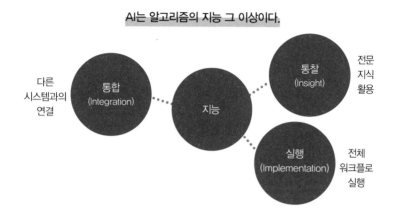

에 해당하는 고품질의 AI가 나올 것이며, 그렇지 않다면 저품질의 AI가 나오는 것은 기술적 원리상 필연적이다. 여기서 데이터를 보석으로 설계하고 정제하기 위해 인사이트가 필수적이다.

가령 특정 낙농업 기업에서 유제품의 가공 이후에 품질을 알게 되는 것이 아니라 가공 전 우유의 상태와 기타 변수를 바탕으로 선제적으로 예측하기 위해 AI를 도입한 사례가 있다. 이 사례에서 인사이트가 필요한 상황을 보면, 먼저 유제품의 품질에 영향을 미치는 요인을 결정하고 그 요인들을 데이터로 적재해야 한다.

여기서 유제품의 품질에 영향을 미치는 요인들에 대한 데이터 풀(data pool)을 정의할 필요가 있다. 데이터 풀을 정의하는 과정을 데이터 설계라고 봤을 때 낙농업에 대한 이해가 없다면 간단히 검색해보는 피상적인 정보들 이외에는 데이터 설계에 반영이 어려울 수 있다. 반면 낙농업에 대한 이해가 있다면 우유의 정보, 공장의 운영 정보, 연도별 기후 정보 등에서 깊이 있는 요인을 도출해 데이터 설계에 반영할 수 있다. AI는 결국 데이터에서 출발하는데, 출발을 잘하기 위해서는 AI에게 의미 있는 데이터를 제공해야 한다.

낙농업의 사례에서 유의미한 데이터를 제공하기 위해서는 현업의 경험과 직관인 인사이트, 통찰이 반영되어야 함을 알 수 있다. 외부의 AI 기술 인력은 특정 기업 내부의 데이터 특성, 데이터 의미를 현업 담당자 수준으로 이해하기 어렵다. 따라서 AI 모델링 과정에서 특정 산업의 인사이트 반영은 현업에 근무하는 담당자의 고유 영역이며, 향후 AI 프로젝트 수행에서 더욱 역할이 커질 예상이다.

현업에서 축적한 인사이트가 있는 도메인 담당자가 AI 기술에 대한 이해도가 낮다는 이유로 프로젝트에 소극적으로 관여하는 구조가 된다면 시행착오를 저지를 확률이 높아진다. 따라서 산업에 대한 인사이트가 있는 현업 인력이 코딩, 수학 등 기술적 요인으로 역할이 제한되기 보다는 AI 도입 단계에서 적극적이고 주도적인 역할을 수행함이 바람직하다.

AI 도입을 위한
실무적 프로그램

누구나 5일이면 AI 프로젝트 기획이 가능하다

국내 기업들의 AI 도입에 대한 관심이 높아지면서 알고리즘랩스는 실제 업무에 AI를 접목시키기 위한 다수의 프로그램을 진행했다. 프로그램 기획 단계에서 3가지의 기본 방향성을 수립했다.

- 실무를 개선하지 못하는 AI 교육은 자원 낭비다.

- AI는 코딩이 핵심이 아니다.

- AI 엔지니어가 아닌 해당 직무 담당자가 주도해야 한다.

이러한 방향성에서 '기본 교육 → 문제 정의 → 목표 설정 → 기획서 작성 → AI 모델링' 과정이 5일 동안 진행되도록 구성했다.

초기에는 우려도 있었다. 참가자들은 AI 관련 사전 지식이 없고 코딩 경험이 전혀 없었다. 이들이 5일이라는 짧은 시간에 AI의 기본적 논리 구조를 이해하고 현업에서 고민하는 문제를 정의하고 구조화해 기획서까지 작성할 수 있을지는 미지수였다. 그러나 실제로 프로그램을 진행해보니 이는 기우였다. 대다수의 참가자들이 기획서 작성까지 완료했다. 개인의 역량에 따라 기획서의 완성도는 차이가 있었지만 일단 AI를 실무에 적용시키는 개념과 구조는 충분히 이해되었다고 평가한다. 그리고 참가자의 30% 정도는 당장 프로젝트로 연결할 수 있는 수준의 기획서를 만들었다. 나머지도 향후 실제 프로젝트로 발전 가능한 아이디어들이 포함되었다.

이는 자동차 운전과 유사했다. 자동차의 기술적 지식이 없이도 운전은 가능하다. 운전자에게 자동차의 기본 구조를 이해시키고 기본 작동법을 익힌 후 도로의 신호등과 표지판의 의미를 숙지시켜 목적지로 향하게 하는 방식이다.

실제 진행 과정과 단계별 상세 사항은 다음과 같다. 1단계는 'AI 실무 적용 문제 정의'로서 각자 현업에서 당면하고 있는 문제를 선정한다. 대상은 구매, HR, 인프라, 연구 개발, 물류, 서비스, 마케팅, 영업 등 그야말로 산업 전반의 가치 사슬(Value Chain)에 걸친 다종다양한 문제가 정의된다. 문제 정의에 대한 품질을 높

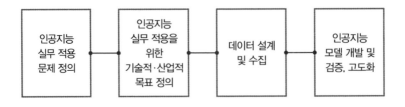

이기 위해 참가자의 직무에 특화된 AI의 적용 사례와 특화된 실습을 통해 AI의 현재 문제 해결 가능 범위와 맥락을 이해시킨다. 가령 구매 부서 실무자인 경우 구매 대상 부품의 산업용 스펙 및 구매 물량에 따른 가격 산출 AI와 같이 구매와 관련된 AI 데이터와 실습을 수행한다. 이를 통해 해당 산업에서 AI에 대한 실제 적용 범위와 현장감을 익히도록 한다.

2단계는 'AI 실무 적용을 위한 기술적·산업적 목표 정의'로서 문제의 개선을 위한 기술적·산업적 목표를 설정한다. AI의 실무 적용에 필요한 기술적 목표(정확도, 오차율 등)를 설정하고 산업적인 기대 효과를 분석해 AI 해석 능력을 배양한다. 이를 통해 명확한 방향성을 가진 AI 실무 도입 프로세스가 구축되도록 하고 있다. 논리적으로 우수한 AI를 개발하더라도 정량적인 지표를 토대로 평가할 능력이 없다면, AI를 적용해 기대 가능한 수준을 설정하기 어려워 도입이 힘들 수 있다. 예를 들어 고된 노력을 통해 배를 잘 만든 뒤에 배를 산으로 가져가는 아이러니한 상황이 도출될 수 있다.

배를 만들 때 어느 정도 인원이 탑승할 수 있고, 어느 정도 무게를 버텨야 하며, 어느 정도 바람과 파도의 세기를 견뎌야 하는지 목표를 설정한다. 동일하게 AI가 어느 정도 정확도를 내어야 하는지, 어느 정도 오차 범위까지 예측해야 하는지 등을 적절하게 설정해야 한다. 산업에 대한 부족하면 합리적이고 실현 가능한 목표를 설정하기 어렵다. 따라서 산업에 대한 인사이트를 보유한 산업 전문가가 AI의 평가 프로세스를 이해하고 프로젝트의 목표를 설정해야 한다. AI를 활용하기 위한 실무적 프로그램의 운영에서 산업 전문가들이 AI를 적절히 평가하고, 그 결과를 해석해 산업적인 가치로 환산할 수 있도록 2단계 'AI 실무 적용을 위한 기술적·산업적 목표 정의' 과정을 진행한다.

3단계는 '데이터 설계 및 수집'으로 문제 해결을 위해 투입할 데이터를 정의한다. 피상적인 빅데이터가 아닌 AI에 필요한 구체적인 데이터의 형식과 종류, 처리 기법 등을 이해해 AI에 도메인 인사이트를 데이터 관점에서 반영하도록 진행한다.

마지막 4단계는 'AI 모델 개발 및 검증, 고도화 실습'이다. 기술이 아닌 활용을 강조하는 상황에서 AI 모델링을 직접 수행하는 방식으로 실습해야만 이해도가 높아지기 때문이다. 다양한 실습 주제로 학습하지만 자동차 시세 예측이 가장 효과가 높다. 실습은 중고 자동차 거래와 관련된 데이터 제공으로 시작된다. 자동차의 구성 요소를 특성, 피처(feature), 구성 요소에 따른 자동차의 가격을 결과 값, 레이블(label)로 정의한다. 실습 과정을 통해 AI를 위한 데이터 셋의 구성을 이해하며 데이터를 하나씩 검토하는 과정을 통해 비어 있는 데이터 항목의 처리 방법, 데이터 처리 이후 AI를 학습하고 결과를 검증하기 위한 데이터 분배 방법 등을 다룬다. 이 과정에서 AI 모델이 만들어지는 전반적인 워크플로를 경험한다.

이 모든 과정을 코딩을 하지 않는 노 코드(No code)로 진행하며 디테일한 기술 영역에 집중하지 않고 전반적인 AI 모델링의 맥락을 전달한다. 참가자에게 모델링 기술이 아니라 워크플로 이해에 기반해 '문제 정의-목표 정의-데이터 설계-데이터 정제' 역량을 함양한다. 최종 단계에서 AI 프로젝트를 추진하기 위해 필요한 핵심 요소가 정의된 기획서를 작성한다.

5일 동안 변화의 여정

알고리즘랩스는 국내의 대표 기업에 재직하는 임직원 5천여 명에게 5일간의 단기 AI 교육을 실시했다. 교육 마지막 단계를 참가자들이 AI 프로젝트 기획서의 작성으로 구성했으며, 이후 현업으로 복귀해 작성한 기획서를 실제 업무에 적용하는 경우 이를 지원했다. AI 프로젝트는 현업의 지식과 경험을 보유한 담당자들이 AI 교육을 통해 기획서를 작성하면서 시작되는 경우가 많다.

5일 과정의 1일차는 AI에 대한 전반적인 이해다. 먼저 AI를 도입하는 프로세스를 전달한다. '문제 정의-기술 목표 및 산업 목표 정의-데이터 설계 및 수집-AI 모델링'으로 이어지는 프로세스다. 이 과정에서 특히 문제 정의와 기술 목표 및 산업 목표 정의, 데이터 설계 및 수집이 강조된다.

알고리즘랩스는 최근까지 AI 전문가가 AI 알고리즘을 이해하고 수학적 원리를 활용해 모델링을 잘하는 사람을 뜻하는 용어였다고 하면, 가까운 미래에는 AI가 필요한 영역을 도출해 문제를 정의하고 합리적인 목표를 설정하고 이에 필요한 데이터를 설계 및 수집, 정제하는 사람이 AI 전문가로 불릴 것이라 전망하고 있다. 근본적인 이유는 AI 모델링을 AI가 수행하는 시대가 도래하면서 현업의 전문가들도 조만간 모델링을 일정 수준 이상 쉽게 하도록 발전하고 있기 때문이다. AI 모델링을 AI가 충분히 잘하게 되었을 경우에도 나머지 영역인 문제 정의부터 데이터 설계 수집 영역은 AI가 대체하기 어렵다고 평가받고 있다. AI가 문제를 정의하고 목표를 설정하고 필요한 데이터를 설계하려면 세상에 존재하는 모든 사업의 도메인 지식을 학습해야 하는데 이는 불가능하다고 판단한다. 따라서 사람의 고유 영역에 해당하는 모델링 앞부분 영역에서의 주인공은 사업을 잘 이해하고 있는 도메인 전문가가 될 수밖에 없다.

따라서 1일차 과정에서는 이 구조를 전달하며, 이 실습 과정을 계기로 AI 전문가로 성장할 수 있음을 전파한다. 도입 프로세스를 다루고 나서는 AI의 산업 특화적인 사례를 다루며, 도메인 인사이트가 AI 프로젝트에 반드시 적용되어야 함을 전달한다. 이후에는 AI에 대한 간략한 이론과 용어를 설명하고 바로 코딩 없는 AI(No code AI) 실습을 수행한다. 참가자 대부분은 AI의 세부 요소들을 처음 경험하기에 실습의 난이도를 일차별로 조절한다. 1일차 실습에는 AI 모델이 만들어지는 전반적 워크플로를 경험하고, 2일차 실습에서는 데이터 관점의 고도화 전략, 3일차 실습은 AI 모델(알고리즘) 관점의 고도화 전략, 4일차에는 스스로 AI 모델을 고도화해보는 연구적인 성격의 실습을 진행한다.

본 실습 과정의 특징은 누구나 경험하는 보편적인 데이터 기반의 공통 실습 주제와 산업 특화적 데이터 기반의 산업 특화적 실습을 병행한다는 것이다. 공통 주제는 AI에 보다 쉽게 접근해 새로운 영역에 대한 심리적 장벽을 낮추는 목적이다. 산업 특화적 주제는 실무에 밀접하게 존재하는 데이터로 AI를 활용하고, 실무를 혁신적으로 개선할 가능성을 이해시키는 목적이다.

공통 주제와 특화 주제로 4일간 실습을 진행하면, 주어진 데이터로 스스로 AI 워크플로를 설계해 모델링 결과를 도출하고 해석하는 수준의 활용 역량이 배양된다. 5일차 마지막 날에는 4일간의 실습 과정을 통해 얻은 AI 활용 역량을 토대로 실무에 적용할 수 있는 AI 프로젝트 기획서를 도출해낸다. 프로젝트 기획서는 AI로 해결 가능한 문제, AI가 해당 문제를 효과적으로 해결할 수 있다는 논리적 근거와 유사한 사례가 포함된다. 이때 알고리즘랩스에서 설계한 AI Problem Framing 과정이 활용된다.

현재까지 1천여 건의 AI 프로젝트 기획서를 산출했으며, 실제 기획서 이후에 AI를 실무에 적용하는 실행까지 연결된 사례가 다수 존재한다. 이 프로세스를 통해 현업 담당자로부터 도출된 AI 실무 적용 기획서는 높은 수준의 도메인 경험이 반영되어 있었다. 이러한 경험을 토대로, 알고리즘랩스는 누구나 5일이면 수준 높은 AI 프로젝트 기획을 도출하고 현업에서 요구하는 AI 프로젝트 추진의 기본 역량을 확보한다고 판단하고 있다.

AI 도입 대상 영역의 선정

AI 도입은 '준비 → 선정 → 실행'의 3개 과정으로 진행된다. 이를 세부 과정으로 나누면 '역량 확보 → 도입 준비 → 기회 탐색 → 대안 평가 → 대상 선정 → 실행 → 피드백'의 7개 과정이다.

먼저 조직이 AI 프로젝트를 수행하는 기본 역량을 확보하는 준비 과정이다. AI를 도입하는 접근 방식을 설정하고 이에 따른 역량을 확보한다. 역량 확보는 기업 각각의 입장에 따라 다양하다. 재원이 풍부하면 AI 기술 전문가를 영입해 내부 인력이 주도하는 구조로 추진 가능하다. 반대로 투입 재원에 한계가 있고 AI 전문가 영입이 어렵다면 내부의 도메인 전문가에게 기본적 AI 기술 교육을 시키고 외부의 AI 기술 전문가와 협력하는 방안을

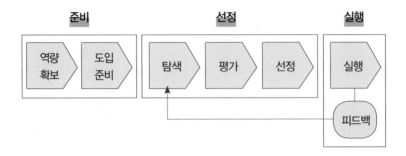

기본으로 한다. 실제로는 이상 2가지 사례의 중간 어딘가의 대안을 선택하게 될 것이다. 분명한 점은 내부 준비가 부족한 상태에서 외부에 의존해서는 AI 프로젝트에서 기대한 성과를 거둘 수 없다는 것이다.

앞에서 실제 프로젝트 경험을 기준으로 내부의 도메인 전문가에게 5일간의 기본적 AI 기술 교육을 통해 AI 프로젝트 기획이 가능하다고 말했다. 내부의 도메인 전문가들이 작성한 기획서는 AI 도입의 기회 영역을 의미한다. 사업 본부나 전사적 입장에서는 다양한 영역에서 제시되는 다수의 기회들에 대한 선택의 문제에 직면한다. 모두가 현장에서 나름대로의 필요성이 있는 사안들이기 때문이다. 그러나 동시에 전부를 추진하기는 투입 자원 부족으로 어렵다.

따라서 선택이 불가피하다. 심지어 명확한 기준을 설정하기도 어렵다. 처음 시도하기에 관련 지식과 경험이 부족해 위험성은 높은 반면 조직 전체의 관심도 역시 높기 때문이다. 특히 새

로운 시도에 대한 의구심과 일종의 거부감도 존재하기에 담당 책임자의 부담은 크다. 또한 AI 도입 초기 단계의 프로젝트가 소기의 성과를 거두지 못하면 AI 도입 자체가 난관에 봉착할 가능성도 높아진다.

따라서 평가 단계에서 '기회 탐색→대안 평가→대상 선정'에 이르는 세부 프로세스의 정립과 적용이 필요하다. 이는 1차적으로 다양한 대안 중에서 합리적 선택을 진행하기 위함과 동시에 2차적으로 조직 내부에서 명확한 기준을 설정해 공유하는 의사소통의 측면이 있다. 조직 내부의 이해관계자들에 대한 사전적 의사소통을 진행해 프로젝트에 대한 기대 성과와 위험성을 공유하는 과정이기도 하다.

평가 과정 이후에는 대안별 스코어링에 기반해 우선순위를 부여하고 추진할 프로젝트를 선정한다. 이를 과정별로 상세히 설명하도록 하겠다.

1 | 탐색

사업 본부 또는 전사적 입장에서 기회 영역을 탐색하는 과정으로 도메인 전문가들이 주도한다. 개인별 혹은 팀별로 각자의 영역에서 인지하고 있는 페인 포인트(pain point, 통점) 중에서 AI 기술을 적용해 해결 가능한 영역을 도출한다. 현업에 종사하는 도메인 전문가들이 모두 참여하되 각 단위 영역에서 AI 기술에 대한 기본 역량을 갖춘 도메인 전문가들이 주도해야 한다. 이는 기존의 혁신 기법으로는 한계가 있는 영역을 AI라는 새로운 혁신 기법을 적용하는 접근이기 때문이다. 비록 직급이 높아도 새로운 접근 방식을 이해하지 못하면 기회 영역 탐색에 한계가 있다. 만약 높은 직급이 주도하려면 사전에 AI 기술 기본 교육을 받아야 한다. 물론 도메인 전문가의 대다수가 AI 관련 기본 역량을 확보하고 있다면 바람직하다.

구매, 생산, 판매, 연구 개발, HR, AS 등 각자의 영역에서 기회를 발견하면 개선 목표를 설정한다. 프로젝트에 들어가기 앞서 진행되기에 정확도는 높지 않지만 기대 수준을 숫자로 제시해 대안 평가에 활용하는 의의가 있다.

2 | 평가

탐색된 기회를 평가하는 기준은 각자의 입장에 따라서 다양하게 설정할 수 있다. 일단 이 책에서는 통상적 대안 평가 모델에 기초해 4가지 요인을 기준으로 필터링하는 방식을 제시한다. 1차

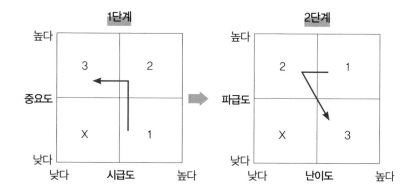

필터링 기준으로 중요도와 시급도를 적용하고 2차 필터링 기준은 파급도와 난이도를 적용한다.

1차 필터링에서 적용되는 중요도와 시급도의 평가 구조는 그림의 1단계에 해당한다. 대안들을 중요도와 시급도라는 2가지 요인으로 평가한다. 제시된 대안들을 중요도와 시급도에 따라 평가하고 점수화해 1단계의 그림에 기재하면 대안별 특성에 따른 전체 모습이 그려진다. 이 그림에 표시된 대안들의 우선순위 부여와 실행 대안 선택은 해당 조직의 판단이다. 1, 2, 3, 4 영역 중 어디에서도 시작할 수 있다.

통상적으로는 실행 대안 검토에서 '중요도 높음+시급도 높음'을 선정한다. 하지만 AI 도입 초기에는 '중요도 낮음+시급도 높음'을 선택하는 것이 바람직하다. AI 프로젝트에 대한 경험이 부족하고 기대 효과의 달성도 미지수이기 때문이다. 초기에는 파일럿 프로젝트 개념으로 중요하지만 시급하지 않은 사안으로 학습하면서 경험을 축적하는 방안이 현실적이다. '중요도 낮음+시급도 낮음' 영역은 파일럿 프로젝트 대안으로 부적절하다. 이는 내부적으로 AI 도입의 전략적 방향성 자체를 폄하하고 경시하는 계기가 될 수 있기 때문이다.

1단계에서 1차로 필터링한 대안들은 2단계에서 2차 필터링 과정을 거친다. 대안들을 파급도와 난이도에 따라 평가하고 점수화해 2단계의 그림에 기재하면 대안별 특성에 따른 전체 모습이 그려진다. 이 그림에 표시된 대안들의 우선순위 부여와 실행 대안 선택도 1단계와 마찬가지로 해당 조직의 판단이다. 1, 2, 3, 4 영역 중 어디에서도 시작할 수 있다.

AI 도입 초기에는 '파급도 높음+난이도 낮음'을 선택하는 것이 좋다. AI 프로젝트의 도입 초기에 수행되는 프로젝트는 일종의 이벤트적 특성도 있다. 조직 내부에서 AI 도입이라는 전략적 방향성을 제시하고 추상적 구호가 아니라 실제 업무 차원에서 실질적으로 진행되는 프로그램이라는 메시지가 공유되어야 한다. 그리고 가시적인 성공 사례가 단기간에 만들어져야 조직 내부에 자신감이 생기고 장기적으로 추진할 동력이 형성된다. 따라서 난이도가 낮지만 파급도는 높은 사안의 선정이 바람직하다.

3 | 선정

1단계와 2단계를 거치면서 대안들의 평가가 진행되면 최종 선

| AI 도입 단계별 선정 기준 변화 |

	초기	확산	안정
선정 기준 예시	중요도 높음 시급성 낮음 파급성 높음 난이도 낮음	중요도 높음 시급성 높음 파급성 높음 난이도 낮음	중요도 높음 시급성 낮음 파급성 낮음 난이도 높음

정 과정이 남아 있다. 선정은 그 자체로 의사 결정의 영역이기에 각자의 기준, 각자의 판단에 따르면 된다. 그러나 대안들의 평가에서 객관적 기준과 합리적 프로세스를 거친다면 위험도를 낮추고 조직원들의 공감대를 형성하는 장점이 있다는 점은 분명하다.

정리하자면 AI 도입 초기의 상황에서는 앞서 기술한 이유로 '중요도 높음+시급성 낮음+파급도 높음+난이도 낮음'의 대안을 우선 선정하는 방향이 바람직하다. 그리고 AI 프로젝트의 성공 사례가 늘어나고 지식과 경험이 축적되면 본격적으로 확대하는 방향이 현실적이다.

AI 도입을 '초기→확산→안정'의 3단계로 구분하면 단계별로 선정 기준이 이동한다. 예를 들어 1단계와 2단계에서 '1→2→3'의 순서로 목표 영역을 이동하는 방식이다. 도입 초기에 1-1의 영역으로 출발해 점차 중요도가 높으면서 시급하고, 파급도가 높으면서 난이도도 어려운 영역으로 이동하는 방향이다.

AI 도입을 위한
7가지 실무 지침

1 | 이해하면 받아들이고 모르면 거부하게 된다

호모 사피엔스가 농사를 시작하고 정착하면서 문명을 만든 것은 불과 1만 년 내외이지만, 떠돌아다니는 수렵 생활을 시작하고 진화한 기간은 수십만 년이다. 오랜 수렵 생활 동안 뿌리내린 본능적 감각은 현대인에게로 이어진다. 공포심이 대표적이다.

맹수나 적들의 공격에 항상 노출되어 있는 원시시대의 이동 생활은 위험하고 불안정하다. 이런 상황에서는 좋은 소식 10개에 반응하는 것보다 나쁜 소식 1개에 더 민감하게 반응하는 것이 생존에 훨씬 중요했다. 예를 들이 "큰 사냥감이 잡혔으니 먹으러 가자." "열매가 많은 나무를 찾았다."라는 좋은 소식은 못 들으면 아쉽지만 그렇다고 죽고 사는 문제는 아니다. 그러나 "호랑이가 우리가 사는 동굴에 들어왔다. 빨리 피해라."라는 나쁜 소식은 듣지 못하면 죽음이 기다리고 있다. 또한 유한한 생명을 가진 특성상 종말과 파국에 대한 공포심은 심리적 기저에 잠재되어 있게 마련이다. 그래서 인간들은 좋은 소식보다는 나쁜 소식에 민감하게 반응하도록 진화했다.

특정 시점에서 조직은 각자의 방식으로 최적화되어 있다. 생물과 마찬가지로 현재 상황에서 생존하기 위한 기능 구조와 자원 배분 방식이 확립되어 있다. 새로운 요소의 도입은 이러한 기존 질서의 변화를 의미한다. 미래의 혜택은 불명확하고 현재의 충격은 명확하기에 조직원들은 본능적으로 두려움을 느끼고 거부하게 된다.

AI도 마찬가지다. 향후 발전 방향과 특성에 따른 다양한 시각이 존재한다. 일부에서는 과대 포장되어 만병통치약처럼 기대하기도 하고 다른 편에서는 세상의 종말인 아마겟돈의 전조처럼 묘사하기도 한다. 소위 AI 전문가들의 시각 차이도 커다란 상황에서 일반인들은 말할 나위도 없다. 미디어에서 접하는 AI와 막상 자신이 소속된 조직에서 AI 도입 소식을 듣는 것은 완전히 다른 차원이다. 향후 예상되는 조직 내부 역학 관계의 변화, 자신과 소속 부서의 위상 변화 등은 현실적 문제다. 불안감과 두려움을 느끼고 내심 거부반응을 나타내는 것은 자연스럽다.

경영진이 AI 도입 과정의 초기에 유념할 사항은 이러한 막연한 두려움을 없애기 위해 필요한 지식의 전달과 조직원의 납득이 중요하다는 점이다. 요지는 AI는 미래 경쟁력을 확보하기 위한 혁신의 도구이며 사람을 대체하지 않고 사람의 역할을 크게 만든다는 점을 납득시켜야 한다.

1980년대 이래 컴퓨터, 이메일, BPR, ERP 등이 기업 경영에 도입되었다. 모두가 처음에는 생소하고 어색해 거부감도 있었다. 기업에서 인간의 역할과 입지가 줄어드리라는 불안감과 두려움도 존재했다. 그러나 실제로는 기업의 규모가 커지고 효율성도 높아지면서 인간들은 단순 반복 업무를 벗어나 보다 창의적인 업무를 하게 되었다. 우리나라를 대표하는 기업들은 1990년대 인력의 대부분이 생산 현장에 있었으나 지금은 연구 개발, 마케팅 등의 부문에서 일하고 있다. AI도 동일한 맥락임을 이해시켜야 한다. 인간들은 실체를 이해하면 수긍하게 되기 마련이다.

2 | 도메인 전문가에게 AI 기본 교육을 시켜라

1970년대 메인 프레임 시대의 컴퓨터 전문가들은 신전의 신관과도 같은 신비로운 존재들이었다. 과학 잡지와 언론 지면에 첨단 기기로 컴퓨터가 소개되었지만 실제로 일상에서 컴퓨터를 접한 사람은 드물었기 때문이다. 군사와 우주 영역에서 제한적으로 사용되는 극소수의 대형 컴퓨터는 일반인들에게 존재하지만 체감하지 못하는 대상이었다. 그러나 1980년대 후반 개인용 기기가 보급된 이후 컴퓨터는 각종 응용프로그램이 발달해 다루기 쉬워지고 다양한 용도로 사용되는 일상의 범용기가 되었다. 기업들도 컴퓨터를 업무에 도입하면서 유사한 과정을 거쳐왔다.

AI는 20세기까지 학문적 영역에서 추구되다가 21세기 들어와서 산업적 용도로 확장되고 있다. 아직까지는 특수한 전문 영역이지만 향후 범용화의 과정이 진행될 예상이고, 현시점은 범용화의 초기 단계로 평가된다. 이런 측면에서 기업이 AI를 도입하기 위한 여건은 조성되었지만 그렇다고 완전히 범용화된 수준은 아니기에 정교한 접근이 필요하다.

법률 분야에서도 AI 기술이 활발히 적용되고 있다. 이미 간단한 법률 상담은 상용 서비스 수준에 도달했다. 기존의 법률 서비스 조직들도 AI에 대한 관심을 높이고 있으나 한계는 뚜렷하다. 일반 기업들은 생산, 판매, 물류 등을 관리하기 위해 BPR, ERP 등의 혁신이 정착되었고 내부에 IT 관련 인력도 일정 수준 확보하고 있기 때문이다. 그러나 법률 서비스 조직들의 IT 수준은 이를 따라가지 못한다. 총무와 문서 관리 정도가 대부분이다.

이러한 상황에서 법률 서비스 조직이 AI 전문가를 영입하는 방안과 변호사에게 AI를 교육시키는 방안 중에서 선택한다면 어떤 것이 타당할까? 결론은 후자다. 법률 서비스 조직은 AI 기술을 접목해 디지털 시대의 서비스 조직으로 진화하는 게 목표다. 따라서 필요한 수준에서 기술을 접목하고 실질적인 목표를 추진하면 충분하다. 현실적으로 법률 서비스 조직에서 역량 있는 AI 전문가의 채용도 어렵다. 변호사들은 소위 도메인 전문가들이다. 전문 영역의 법리적 구조와 쟁점을 이해하고 있다. 기본적 소양을 갖춘 변호사들에게 일정한 수준의 AI 교육을 시키고 AI 기술 전문가와 협업하게 하면 소기의 성과를 거둘 수 있다.

법률 서비스 조직의 사례는 일반화된다. AI 전문가를 현업에 배치하기보다 현업 인재를 상대로 AI 교육을 실시하는 방향이 효과적이다. 실제로 다수의 프로젝트를 수행하면서 내린 결론이다. 현업에서 경험을 축적한 도메인 전문가들에게 AI 관련 기술과 알고리즘 교육을 시켜 AI를 활용해 문제를 정의하고 해결을 위한 접근 방법을 설계할 능력을 확보한다. 다음으로 내·외부의 AI 전문가와 협업해 실제로 결과물을 도출하는 과정이다.

AI 핵심 기술의 개발은 해당 분야 최고 전문가의 영역이다. 그러나 AI의 개발 능력과 활용 능력은 별개다. 그러나 AI를 실제로 적용한 문제 해결은 도메인 지식에 기반해 상용화된 AI 기술을 접목시키면 가능하다. 이러한 프로세스는 최고의 기술 수준에 있는 소수 전문가들이 아니라 일정한 소양과 현장 경험을 보유한 다수의 직업인들이 수행 가능한 영역이다. AI 혁신을 추진하기 위해서는 도메인 지식을 축적한 내부 인력에게 AI 역량을 갖추도록 하는 것이 관건이다. 따라서 비즈니스 전문가에게 AI 활용 능력을 부여하는 방향이 타당하다.

3 | AI 도입에서 기술은 핵심이 아니다

컴퓨터 기술을 이해하지 못하는 사람이라도 컴퓨터를 자신의 목적에 맞게 사용한다. 10대 청소년은 게임기로, 20대 학생은 학습 도구로, 30대 직장인은 업무 처리용 기기 등으로 각자의 용도로 컴퓨터를 사용한다. 컴퓨터 기술을 이해하면 사용이 더욱 편하겠지만 몰라도 상관없다. 컴퓨터를 켜고 응용프로그램을 구동할 수 있으면 충분하다. 망치, 연필, 자동차 등 도구의 특징은 용도에 따른 사용법 숙지로 충분하다는 점이다. 도구의 기술적 지식은 알면 좋지만 몰라도 무관하다.

AI 기술은 도구다. 일반 기업이 필요성에 따라 AI를 도입하는 경우에 핵심은 기술이 아니다. 자신의 용도에 맞게 사용할 수 있으면 충분하다. 육상 운송이 주업인 물류 회사를 생각해보자. 트럭을 사용해 물류 창고를 경유해 물품을 이동시킨다. 핵심 도구는 트럭이다. 물류 회사는 트럭의 소재와 제조 기술을 몰라도 무방하다. 트럭이 항시 운행되도록 정비 및 관리하는 지식으로 충분하다. 간단한 고장은 자체에서 해결하고 큰 고장은 외부 정비소를 이용하면 된다. 수명이 다한 트럭은 외부의 폐차장에서 처리하고 대체 트럭을 제조 회사에서 구입하는 것으로 사업을 성공적으로 운영할 수 있다.

AI 기술 관련 전문 기업이라면 기술 자체가 경쟁력이 되겠지만 일반 기업은 입장이 다르다. AI 기술 자체가 급속하게 발전하기 때문에 일반 기업이 이를 따라가기도 불가능하다. 따라서 일반 기업에게는 AI 기술 연구 역량보다 상용화된 AI 기술 활용 역량이 중요하다. 학회에서 논의되는 AI보다는 현장에서 활용되고 있는 AI가 중요하다.

4 | 빅데이터는 필수 사항이 아니다

데이터는 AI의 기반이다. 데이터는 독립변수이고 AI는 종속변수를 도출하는 알고리즘이다. 따라서 데이터의 품질과 구조에서 AI를 엔진으로 도출되는 결과물의 효과가 결정된다. 그리고 데이터 단위가 많을수록 결과물의 정확도가 높아지게 된다. 이는 보험 산업의 대수의 법칙(大數의 法則, Law of large numbers)에 비유된다. 홍길동이라는 특정인의 미래 수명과 건강상 위험도는 정확하게 계산하기 어렵지만, 홍길동 연령대의 모든 사람으로 모집단을 확장하면 정확한 계산이 가능하다. 표본이 커질수록 통계적 확률은 실제에 근접한다.

AI도 데이터 집단이 커질수록 유효성이 높아짐에서 대수의 법칙과 동일하다. 하지만 데이터 집단이 대단위가 아니더라도 데이터 구조를 잘 구성하고 해석하면 유효한 결과를 도출할 수 있다는 점에서 구분된다. 즉 빅데이터 확보는 바람직하지만 스몰데이터로도 의미 있는 결과물 도출이 가능하다. 경제학의 '파레토 법칙(Pareto principle)'에 비유해보자. 전체 결과의 80%는 전체 원인의 20%에서 일어나는 현상으로 80 대 20의 법칙으로도 불린다. 보편적으로 20%의 원인으로 80%를 설명할 수 있다면 데이터의 효과적 구조만으로도 정확도를 상당히 높일 수 있다는 추론이 가능하다.

현업의 AI 적용에서 흔히 데이터의 한계를 애로사항으로 지목한다. 실제로 지금까지 기업이 축적한 데이터는 AI 분석의 구조로 사용하기는 어려운 경우가 많다. 그리고 기존 데이터를 정비하는 데이터 전처리(Data preprocessing) 과정도 많은 시간과 비용이 드는 작업이다. 대용량의 데이터도 전처리를 거치지 못하면 오류 덩어리가 되기에 이 과정을 거쳐서 AI에 입력되는 데이터의 품질을 확보한다.

데이터 전처리는 기계적 데이터 전처리(Mechanical data preprocessing)와 의미적 데이터 전처리(Semantic data preprocessing)의 2가지로 구분된다. 기계적 전처리는 데이터의 오류나 잡음을 제거하는 기술적 과정으로 비교적 단순하다. 반면 의미적 전처리는 도메인 지식을 기반으로 데이터를 정리하고 재구성하는 상대적으로 창의적인 과정이다. 스몰데이터로도 의미적 전처리 과정을 잘 진행하면 빅데이터에 비견되는 품질을 확보할 수 있다.

AI 도입의 전제 조건은 데이터의 확보다. 데이터를 통해 AI를 학습시키고 알고리즘을 구성한다. 이 과정에서 빅데이터의 확보는 바람직하지만 필수조건은 아니다. 빅데이터라도 데이터 전처리가 되지 않으면 의미 없는 기호 뭉치와 다름없다. 스몰데이터로도 데이터 전처리, 특히 의미적 데이터 전처리를 잘 진행하면 기대 효과를 얻을 수 있다. 데이터가 100개로도 유의미한 AI가 만들어진다. 100만 개라면 더욱 좋다. 그러나 빅데이터 확보가 AI의 선결조건이라는 입장은 오해다.

5 | 막연한 코딩 교육은 효과 없다

AI가 급부상하면서 기업 경영자들의 마음도 급해지고 있다. 그러나 AI라는 큰 방향은 이해하지만 실제로 현업에 적용하는 문제에서 명확한 그림이 보이지 않는다. 나름대로 관련 도서를 접하고 강연을 들으면서 개념을 잡으려 하지만 '총론 분명 각론 모호'의 문제는 해소되지 않는다. 이러한 상황에서 범하는 대표적 오류가 전 직원의 코딩 교육이다. 이는 투입 대비 효과가 크지 않고 조직의 피로감만 가중시킬 위험성이 높다.

코딩 능력을 갖추면 장점이 많다. 하지만 코딩을 접해보지 않은 상태에서 기초적 코딩이라도 하기 위해서는 많은 시간의 투입이 필요하다. 20대 또는 30대 초반의 연령이라면 처음부터 배우는 것도 의미가 있겠지만 그 이상의 연령에서는 투입 대비 효과가 극히 적다. 코딩에 능숙한 프로그래머들이 AI의 사업적 의미를 이해하지 못하듯이, 일반 조직원들이 시간과 노력을 들여 코딩을 배워도 실제 적용과는 거리가 멀다.

AI를 다루는 데이터 전문가에게 가장 필요한 역량은 수학적 지식이나 코딩이 아니라 도메인 지식이다. AI 기술 분야의 전문가보다는 AI 기본 기술을 단시간 내에 효율적으로 습득한 도메인 전문가가 기업이 원하는 최적의 솔루션을 내놓는 데 더 적합할 수 있다. 알고리즘이 이 도메인에 대한 지식만큼은 따라잡기 어렵기 때문이다.

이런 관점에서 기업들도 내부 실무 인재들에게 AI를 교육하고 이미 나와 있는 기술에 대한 활용 능력을 배양하는 방향으로 내부 인력 정책을 수립해야 한다. 기업 입장에서 알고리즘의 정확도를 90%에서 90.1%로 끌어올리는 일보다 실무 인재들이 AI가 아직 도입되지 않는 업무 영역을 발굴해 이 90%로 검증된 알고리즘을 적용하도록 교육하는 일이 의미가 있다.

6 | 범용이 아닌 산업 특화를 지향하라

AI 기술은 기업이 혁신의 도구로 사용하는 기반이 되는 범용 기술이다. AI 기술 기업은 사업 자체가 범용 기술의 발전에 있다. 그러나 AI를 도입하는 일반 기업은 범용 기술을 응용해 자신의 사업에 특화된 해결책을 찾아 적용함이 목적이다. 따라서 범용 AI 기술을 소속된 산업과 사업에 특화시키는 방향으로 추진해야 실질적 가치를 만들어낸다.

AI 기술은 일반적이지만 특정 산업에 대한 경험과 데이터는 일반적이지 않으며 고유 경쟁력이 될 수 있는 여지가 있다. 이런 이유로 일반적인 영역에서의 경쟁력을 키우기 위해 구글, 아마존, 마이크로소프트 등과 경쟁하기보다는 특화된 영역에 대한 경험과 데이터를 기반으로 AI 경쟁력을 확보하는 방향이 효과적이다.

특화된 영역을 잘 구축하기 위해서는 부족하더라도 현재 수준에서 활용 가능한 데이터를 바탕으로 AI 프로세스를 실행해야 한다. 이 과정에서 AI 관점에서 어떤 데이터가 부족한지를 인지할 수 있게 되고, 인지하는 과정을 통해 이 데이터를 확보하기 위한 실질적인 전략과 전술이 고려될 수 있기 때문이다. 따라서 여러 한계를 두고 망설이기보다는 현재 가능한 범위 내의 성공을 거두어가며 AI 프로세스를 발전시킬 수 있다면, 특정 산업 영역에서 구글과 마이크로소프트조차 대체 불가능한 특화된 AI 프로세스를 확보할 수 있을 것이다.

7 | 작은 성공을 바탕으로 큰 영역으로 나아가라

디지털 시대의 특징은 불확실성의 증폭이다. 과거 산업 시대 기업 환경도 끊임없이 변화했지만 근본적으로 양적 확대 과정의 연속이었다. 그러나 오늘날 기업 환경은 디지털 혁명에 기인한 질적 변환이 진행되고 있다. 마치 물의 온도가 올라가도 100℃까지는 액체의 성질은 변하지 않지만, 끓기 시작하면 기체로 질적 변화를 이루면서 분자의 변동성도 급격히 증가하는 것에 비유할 수 있다. 이에 따라 전략 개념도 변화하고 있다.

아날로그 시대의 전략적 균형이 지도를 보면서 포지션을 찾는 독도법에 비유되는 정적 안정성(Static stability)이라면, 디지털 시대의 전략적 균형은 자전거를 타면서 균형을 잡는 동적 안정성(Dynamic stability)의 개념이다. 아날로그 시대에는 지도를 보면서 시장과 고객, 경쟁자의 위치를 파악하고 자신의 포지션을 설정했지만 디지털 시대에는 지도상의 포지션을 확인하고 이동하는 동안 지형과 지물이 모두 변해버리는 가속적 변화가 특징이다. 따라서 디지털 시대에는 불안정하고 유동적인 상황을 전제하고 움직이는 자전거 위에서 페달을 밟고 움직이면서 균형을 잡고 목표를 향해 나아가는 개념이다. 만약 포지션을 확보하려고 자전거를 멈추면 오히려 쓰러지는 역설적 상황에서 살아남기 위해서는 끊임없이 움직여야 한다.

전략의 추진이 아날로그 시대는 고정된 목표에 대포를 쏘는 개념이라면 디지털 시대는 변화하는 목표를 향해 크루즈 미사일을 발사하는 개념이다. 일단 대략적 목표를 설정하고 계획을 추진하면서 작은 실패에서 교훈을 얻고 궤도를 수정하는 과정을 연속적으로 거치면서 최종 목표에 도달한다. 디지털 시대의 기업들은 신속하게 착수해 초기의 작은 성공을 기반으로, 작은 실패를 교훈으로 큰 성공으로 나아간다.

AI 프로젝트도 초기에 작은 성공을 통해 조직 내 신뢰감을 높이고 점차 큰 성공으로 나아가는 방향이 바람직하다. 실제로 AI를 가장 잘 활용하는 기업 중 하나인 구글조차 AI 초기 도입에 어려움을 겪었다고 한다. 구글 내부의 AI에 대한 회의론이 심각해, 민감도가 높은 검색이나 광고 사업이 아닌 음성인식 영역에서 첫 번째 AI를 도입했고 음성인식율을 성공적으로 향상시켰다. 이를 바탕으로 내부의 AI에 대한 회의론을 줄여나갔으며, 이 모멘텀을 토대로 조직에 AI가 확산되는 계기를 마련할 수 있었다. 구글 브레인을 총괄했던 앤드류 응 스탠포드대 교수는 도입 초기에 시작한 소수의 AI 프로젝트가 가장 가치 있는 AI 프로젝트보다 중요하다고 강조했다. 첫 번째 시도가 있어야만 그게 완벽하지 않더라도 유의미한 성과로서 기업 내에 공유되고 가장 가치 있는 프로젝트를 낳는 초석이 될 수 있기 때문이다.

반드시 성공할 수 있는 AI 프로젝트는 존재하지 않는다. 아직 AI 도입은 초기 단계로서 성공 사례도 많지 않다. 하지만 AI를 성공적으로 도입한 기업들은 초기의 위험을 일정 수준 감수하고 시작했다. 실패해도 되는 적정 규모의 프로젝트를 선택하는 것도 능력이다. 실패를 거듭해야만 부족한 영역이 채워진다.

가장 의미 있는 첫 AI 프로젝트의 성공을 이루어나가기 위해서 아래의 전략을 참고할 필요가 있다.

어떻게 당신의 회사를 인공지능 시대로 이끌 것인가:

파일럿 프로젝트를 통해 추진력 얻기

- 새로운 혹은 외부의 AI 팀(회사의 비즈니스에 대한 깊은 도메인 지식은 없을 수도 있음)이 깊은 도메인 지식을 갖고 있는 내부 팀과 파트너 관계를 맺고 6개월에서 12개월 내에 견인력을 보이기 시작하는 AI 솔루션을 구축하는 것이 이상적이다.

- 기술적으로 가능한 프로젝트를 해야 한다. 오늘날 AI 기술을 사용해 불가능한 프로젝트를 시작한 기업들이 너무 많다. AI 엔지니어가 킥오프 전에 프로젝트에 대한 실사를 수행하는 것이 프로젝트 실현 가능성을 높일 것이다.

- 비즈니스 가치를 창출하는 목표를 정의 가능하고 측정 가능한 형태로 명확하게 세워야 한다.

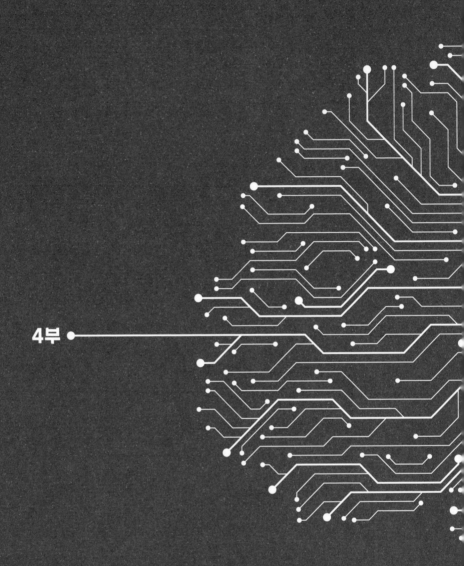

4부

디지털 전환과
AI 도입 사례

해외 사례:
전략적 사업 전환 중심

AI PIVOTING

AI 도입의 전략적 차원과 전술적 차원

전략은 방향성이고 전술은 효율성이다. 방향성이란 '어디로 이동해 무엇을 하느냐'이고, 효율성은 정해진 방향을 '어떤 방법으로 가느냐'의 문제다. 서울에서 출발해 목적지를 부산, 대구, 광주 등으로의 선정은 방향성의 전략이고, 일단 정해진 목적지로 이동하기 위한 기차, 자동차, 비행기 등의 수단 중 적절한 방안의 선택이 효율성의 전술이다.

AI는 협의에서는 데이터 분석 도구이지만, 광의에서는 디지

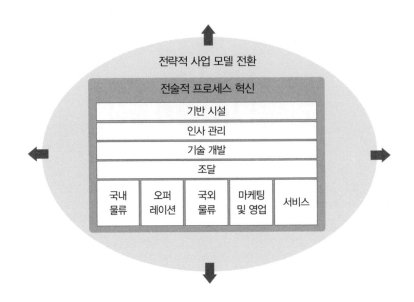

털 전환의 중추다. 전술적으로는 기업의 특정 프로세스를 개선
시키기 위한 도구이고 전략적으로는 디지털 사업 전환의 기본
동력이다. 확장된 전술은 전략으로 수렴하고 특정 분야의 전략
은 전술적 양상을 보인다. 전술과 전략은 중첩되는 부분이 있지
만 기본적으로는 분리된 개념이다. 따라서 AI의 적용 사례를 전
략적 사업 전환의 차원과 전술적 프로세스 혁신으로 구분해 접
근한다.

　도표에서 보듯이 전략적 차원은 기업이 미래에 어디로 이동
해 어떤 방식으로 포지셔닝할 것인지의 문제다. 방향성이 잡히

면 이에 따라 내부 프로세스도 변화하기 시작된다. 전술적 차원
은 기업의 모든 내부 프로세스에 AI를 도입해 효율성을 높이는
작업이다. 현재 기업들의 AI 도입은 다양한 차원에서 진행되고
있다. 이 책에서는 전략적 사업 전환 위주의 해외 사례와 전술적
프로세스 혁신 위주의 국내 사례로 구분해 시사점을 제시하려
한다. 먼저 해외 사례다.

도미노 피자, 디지털 고객 경험 혁신으로 극적 전환

1 | 요지: 디지털 UI, UX 혁신으로 파산 위기에서 탈출하고 재도약

1960년 창업 이후 코쿠닝 트렌드를 타
고 30분 배달 서비스를 주 무기로 급
성장했다. 그러나 진입 장벽이 낮아 경
쟁이 치열해지면서 생존 여부가 불투
명해지는 절체절명의 위기를 맞았다.
도미노는 디지털 기술의 접목으로 활로를 찾아 나섰다. 아날로
그 시대의 전화 주문 방식을 디지털 방식으로 전환하고 고객 접
점(UI, User Interface)과 고객 경험(UX, User eXperience) 혁신을 추
진했다.

2 | 진행 과정: 디지털 고객 경험으로 시작해 AI 경영 혁신으로 확장

2000년대 후반 도미노는 궁지에 몰려 있었다. 전화 주문으로 피자를 배달하는 사업 모델 자체가 한계에 봉착했다. 피자 레스토랑 등 경쟁 업체들이 등장하면서 배달 피자의 매력이 맛과 편의성에서 모두 감소했다. 이러한 상황에서 도미노는 '본원적 경쟁력 회복' '온라인 주문 기반 전환' '점포망 재구축'의 3가지 방향을 설정했다.

본원적 경쟁력 회복은 맛없고 차가운 싸구려 피자로 전락한 도미노 피자의 품질 회복이었다. 2010년부터 시작된 캠페인을 통해 도미노 피자의 문제를 솔직히 인정하고 개선하는 노력을 고객들에게 보여주었다. '당신의 피자를 보여주세요(Show me your Pizza)' 캠페인에서 소비자가 받은 실제 피자 모습 그대로를 공개하고 고객 소통에 활용하는 방식으로 신뢰를 회복하기 시작했다.

2007년 온라인 주문 웹 사이트를 개설하고 모바일로 주문 수단을 확장하면서 단순한 주문 수단 변화가 아니라 고객 접점(UI)와 고객 경험(UX) 전체의 혁신을 추구했다. 디지털 화면의 사진, 맞춤형 메뉴 제안, 주문 후 제조 및 배송 상황 공유 등 다양한 방식을 시험하고 확대했다. 디지털 주문 시스템인 애니웨어(AnyWare)는 20여 가지의 방법으로 편리하게 주문하는 플랫폼으로 발전했다.

점포망 재구축은 온라인 디지털 시대의 오프라인 점포망 재편이다. 축적되는 고객의 주문 데이터를 분석해 배달 속도를 높이고 매출 확대를 위해 점포망을 최적화하는 요새(Fortress) 전략이다. 이에 따라 미국 내 매장 수가 2010년 4,929개에서 2020년 6,156개로 늘어났고 매장당 매출과 이익은 모두 증가했다.

도미노는 미국 증권 시장에서 2010년대 가장 주가 상승률이 높은 주식 중 하나로 진정한 디지털 주식으로 손꼽히고 있다. 2020년 매출액 41억 달러로 전년 대비 14% 늘어났고 10년 전에 비해선 2.5배 증가했다. 영업이익도 전년 대비 15% 늘어난 7억 달러였다. 코로나19 발생 전인 2019년 말 300달러 수준이던 주가는 2020년 말에는 400달러로 상승했다.

도미노는 디지털 AI 기술을 기업 경영 전반으로 확산시키고 있다. 매장별로 근무 중인 작업자와 주문 수, 현재 교통 상황 등의 변수들을 반영해 배달 소요 시간을 예측하는 AI 모델을 만들어서 주문 시간 예측 정확도를 75%에서 95%로 높였다. 2021년에는 AI 기술을 적용한 수요예측으로 매장 개설 위치와 시점을 결정하고, 매장별로 피자 주문 건수를 예측해 이에 따라 작업자 수를 늘리거나 줄이는 시스템을 도입했다.

2019년에는 미국 시청률 1위 프로그램인 미식축구 슈퍼볼에서 시청자들이 현재 먹고 있는 피자의 사진을 찍어서 보내면 무료 피자를 제공한다고 광고해 수십만 장의 피자 이미지를 확보하기도 했다. 이를 선별하고 분류해 피자 소비자들의 개인 선호도를 파악하는 데이터로 전환시켜서 신제품 개발, 품질 개선에 활용했다.

그뿐만 아니라 '돔 피자 체커'라는 AI를 도입했다. 각 매장에서 만드는 피자 사진을 검사해 제조 방법, 재료, 온도 등을 확인해 품질 기준에 미달하면 다시 만들게 한다. 그리고 이러한 절차를 고객과 공유하는 방식으로 차별적인 고객 경험을 제공하고 있다.

3 | 시사점: 아날로그 사업과 특정 AI 디지털 기술의 접목 가능성

전형적인 아날로그 사업 모델이었던 도미노는 주문과 배달 과정에 디지털 기술을 접목해 재도약의 모멘텀을 만들었다. 도미노는 소위 빅테크 기업인 구글, 애플, 아마존 등과 비교해 디지털 기술에서는 한 수 아래이지만 2010년대 10년 동안 주가는 더 높이 상승했다. 이는 아날로그 기업들이 기존 사업에서 축적한 기반을 디지털 기술과 접목해 확보하는 차별적인 경쟁력과 디지털 전환의 잠재력을 보여준다.

펜더, 기타 제조에서 디지털 플랫폼 사업자로

1 | 요지: 하드웨어 제조업에서 디지털 학습 플랫폼 사업자로 전환

1946년 미국 캘리포니아에서 전기기타 제조로 출발해 깁슨(Gibson)과 쌍벽을 이룬 명문 브랜드로 성장했다. 그러나 2000년 들어 기타 시장 자체가 축소되면서 위기를 맞았다. 고객 분석을 통해 기타 초보자들의 학습 수요를 파악하고 구독 모델의 온라인 동영상 학습 플랫폼 사업을 시작했다. 디지털 학습 플랫폼 사업의 성공으로 사업 모델을 혁신하면서 기타 판매도 증가하는 선순환 구조가 만들어졌다.

2 | 진행 과정: 고객 분석을 통한 디지털 영역의 새로운 가능성 발견

1960년대부터 미국의 대중음악에서 전자기타는 핵심에 위치했다. 슈퍼스타로 부상한 유명 로큰롤 밴드의 기타리스트를 동경하며 10대 청소년들은 기타를 배웠다. 그러나 2000년대 들어 랩 음악이 부상하고 컴퓨터 게임이 보급되면서 기타에 대한 관심은 줄어들었다. 미국의 전자기타 판매량도 연간 150만 대에서 2010년대에는 100만 대 수준으로 감소했다.

펜더는 고객들을 정확히 파악하기 위해서 다양한 고객 데이터를 수집하고 해석하는 과정을 거쳐 2가지 사실을 명확히 파악했다. 매출의 70%가 기타를 처음 접하는 신참에게서 발생하며, 이들의 90%가 1년 이내에 기타 학습을 포기한다는 것이다. 적절한 학습 방법이 없어 신참들이 초보 단계에서 탈락하는 부분에서 펜더는 사업 기회를 감지했다. 펜더는 오프라인 기타 교습소 위주의 기존 학습 방식을 온라인 동영상 플랫폼 전환하는 사업 모델을 추진했다.

2017년 7월 출시한 '펜더 플레이'는 PC, 스마트폰, 태블릿 등을 통해 유명 기타 연주자들의 레슨을 받는다. 가입자들이 리스트에서 각자의 취향에 맞는 곡을 선택해 기타, 베이스, 우쿨렐레 등을 연습하는 방식이다. 회원 가입 후 2주간 무료이며 이후 1달에 9.99달러(약 1만 1천 원)을 지불하는 구독형 레슨 서비스다. 회원 가입 후 앱을 설치하고 접속한 뒤 배우고 싶은 기타 연주 스타일을 선택하면 고객 맞춤형 기타 레슨 영상들을 큐레이션해 제시한다. 기존처럼 재미없는 연습곡이 아니라 자신이 좋아하는 곡을 시간과 공간에 구애받지 않고 연습하는 장점이 있다.

출시 후 3년 동안 10만 명의 유료 가입자를 확보하면서 펜더는 1개월에 100만 달러, 1년에 1,200만 달러의 온라인 사업 수입이 생겨났다. 코로나19로 재택근무가 늘어나면서 온라인 비대면 학습은 더욱 호조를 보여서 가입자는 100만 명 수준으로 늘어나서 연간 1억 2천만 달러의 사업으로 성장했다. 온라인 사업의 성공은 본업인 하드웨어 기타의 매출 상승으로 연결되었다. 기타 판매의 70% 이상이 온라인 판매로 이루어진다. 펜더는 2020년 매출이 7억 달러 수준으로 전년의 6억 달러보다 17% 증가하는 성장세를 보이고 있다.

3 | 시사점: 고객 재해석을 통한 디지털 사업 모델 혁신 기회 포착

아날로그 시대 전자기타 제조의 명가 펜더는 세계적 기타리스트을 앞세우는 매스 마케팅으로 성공했지만 실제 소비자에 대한 정보는 부족했다. 디지털 시대에 고객 정보 분석을 통해 거래 중심 사업에서 소비자 기반 디지털 마케팅으로 방향을 선회했다. 그리고 온라인 동영상 학습 플랫폼이라는 새로운 사업 기회로 확장했다. 전형적인 제조 업체가 고객에 대한 재해석으로 디지털 학습 사업자로 전환했고, 기존의 사업인 기타 제조 분야에서도 재도약을 이루었다.

스티치 픽스, AI 패션 큐레이팅으로 시장 판도 변화

1 | 요지: 단품 쇼핑몰이 아닌 AI 스타일 큐레이션 사업 모델로 접근

STITCH FIX

패션을 단품이 아닌 솔루션으로 접근해 AI를 적용한 맞춤형 스타일을 제안했다. 기존의 패션 제품 판매는 단품을 쇼핑몰 형태로 소비자에게 제안하고 구매를 유도하는 방식이었으나 스티치 픽스는 개인별 스타일을 큐레이션해 제안하고 그중에서 제품을 선택하는 새로운 방식으로 성공했다.

2 | 진행 과정: 고객을 만족시키는 AI와 전문가의 협업

다양한 산업마다 새로운 시대를 열어가는 혁신의 아이콘들이 등장해 질서를 변화시킨다. 패션 산업에서는 1980년대부터 정보 혁명을 활용한 자라, 유니클로, H&M 등 패스트 패션이 부상하면서 시장 판도를 변화시켰다.

스티치 픽스는 2011년 개인 맞춤형 의류 추천을 사업 모델로 창업했다. 회원으로 가입한 고객들이 선호하는 스타일, 사이즈, 예산 등을 입력하고 20달러를 지불하면 집으로 5가지 의류와 장신구가 배달된다. 고객은 포장을 개봉해 마음에 드는 아이템을 구매하고 나머지는 반송한다. 1가지라도 구매하면 추천 비용 20달러를 환불받고 5가지 모두 구매하면 20%까지 할인한다. 모두 반품하면 고객은 20달러를 지급하지만 주문 고객의 80% 이상이 1가지 이상을 구매한다.

배송될 품목을 모르는 상황에서 추천 비용 선불, 택배 수령과 반품이라는 불확실성과 불편함을 고객이 감수하는 이유는 놀랍도록 마음에 드는 옷을 저렴한 가격에 보내주기 때문이다. 오프라인 매장 쇼핑은 물론 온라인 사이트에서 패션 아이템의 이미지를 직접 보며 구매하는 것보다도 고객 만족도가 높기에 사업 모델이 성립한다. 이러한 과정을 AI와 전문가의 협업으로 진행해 완성도를 높였다. 1차적으로 AI가 선택한 품목 중에서 2차로 패션 전문가들이 최종 선택하는 방식이다. 맞춤형 큐레이션을 위해 100여 명의 데이터 전문가와 5천여 명의 패션 전문가들이 긱 이코노미 등 다양한 작업 형태로 AI와 협업하고 있다.

스티치 픽스의 별명은 패션계의 넷플릭스다. 홈 비디오 시장이 오프라인 대여에서 온라인 스트리밍으로 넘어가면서 급부상한 넷플릭스의 성공 요인은 시청자의 선호도 데이터에 기반한 추천 알고리즘이었다. 스티치 픽스는 넷플릭스의 핵심 인력이었던 에릭 콜슨을 2012년 영입해 정교한 알고리즘을 개발했다. 다만 넷플릭스는 철저히 기계적 알고리즘을 기반으로 콘텐츠를 추천하는 반면, 스티치 픽스는 AI가 선별한 후보군에서 패션 전문가가 최종 판단하는 차이가 있다. 정교한 데이터 분석 결과를 숙련된 인간의 감각으로 보완하는 협력 구조다.

스티치 픽스는 의류를 제조하지 않는다. 기존의 의류, 액세서리 회사의 제품으로 고객에게 맞춤형 스타일을 제안해 구매를 유도하는 유통 사업이다. 핵심 경쟁력은 데이터 기반으로 AI와 전문가의 협업을 통한 큐레이션의 정확도에 있어 패션 회사로 위장한 데이터 회사라고 평가받는다. 패션은 극심한 경쟁의 레드 오션 업종이지만 스티치 픽스는 디지털 AI 기술을 접목해 성장 사업으로 전환시켰다. 2011년 창업해 2017년 상장했고, 2020년 매출은 17억 달러, 활성 고객(Active Client) 370만 명에 1인당 486달러를 구매했다.

3 | 시사점: AI와 인간의 협력을 통한 알고리즘의 진화

온라인 몰은 패션 부문에서 흔한 사업 방식이고 나름대로 데이터 마케팅을 적용하고 있다. 그러나 스티치 픽스는 단품이 아닌 스타일 솔루션을 큐레이션해 제안하는 플랫폼 방식으로 성공했다. 그리고 AI와 전문가의 협력을 통해 차별적 경쟁력을 확보했다.

맥코믹, 후추 유통에서 미각 데이터 기반 AI 기업으로

1 | 요지: 아날로그적 미각을 디지털 데이터 및 AI로 새롭게 접근

1889년 미국 볼티모어에서 창립된 맥코믹은 후추 등 향신료 관련 사업으로 성장했다. 우리나라 식품 매장에서도 맥코믹 브랜드의 후추와 기타 제품을 쉽게 접할 수 있다. 이들은 인간의 미각과 디지털 트렌드의 접점을 데이터와 AI에서 찾았다. 130년간 축적한 식품의 맛과 향에 대한 데이터를 체계적으로 정리해 기반을 마련했다. 온라인 플랫폼을 개설해 개인 맞춤형 맛과 음식을 추천하는 서비스를 시작해 데이터 기반을 확대했다. 방대한 데이터와 AI를 접목시켜 신제품 개발에도 효과적으로 활용하고 있다.

2 | 진행 과정: 미각 전문가와 AI 전문가의 협업으로 사업 개념 확장

맥코믹은 향신료 제조와 유통이라는 본업과 디지털 트렌드의 접점을 인간의 미각 자체에서 찾는 방향으로 잡았다. 넷플릭스와 아마존이 개인 취향에 맞는 영화와 상품을 추천하는 사업 모델로 급성장하는 상황에서 동일한 아이디어를 적용해보자는 접근 방식이었다. 먼저 130년간 향신료 사업으로 축적된 식품의 맛과 향에 대한 기존의 데이터를 체계적으로 정리했다. 이를 바탕으로 도메인 지식과 디지털 기술을 융합시켜 개인별 식습관과 선호하는 맛에 접목시키고 레시피와 식품을 추천하는 구조를 수립했다. 식품 전문가, 도메인 전문가와 데이터 분석, AI 전문가들이 팀을 이루어 협업을 진행해 토대를 마련했다.

작업의 결과물은 온라인 플랫폼 형태로 구현했다. 플랫폼에 접속한 소비자가 자신의 입맛에 관해 20여 개 퀴즈를 풀면 해당 소비자에게 적합한 메뉴와 레시피를 추천하는 방식의 서비스를 선보였다. 또한 소비자들은 자신이 즐기는 요리 레시피를 플랫폼을 통해 '데이터화'하고 주변과 공유했다. 플랫폼 데이터를 통해 새롭게 요리 레시피를 개발하는 일도 가능했다.

당초 B2C 개념으로 시작했던 플랫폼은 의외로 B2B에서 큰 관심을 끌었다. 기존 레시피 표준화와 새로운 요리 개발을 항상 고민하던 레스토랑의 셰프들이 맥코믹 플랫폼에서 체계화된 데이터를 활용했다. 맥코믹 플랫폼은 향신료 제품 판매가 아닌 미각 관련 데이터와 정보의 허브로 거듭나기 시작했다.

무엇보다 고객 입맛과 레시피에 대한 리얼 데이터가 플랫폼을 통해 축적되는 점이 중요했다. 아날로그 시대에는 시장과 제품 판매 데이터를 통해 간접적으로 획득한 정보를 분석했다. 디지털 시대에는 플랫폼에 접속한 고객 입맛과 레시피 정보를 직접 확보할 수 있었다. 이런 정보가 각종 식품과 향신료 분야에서 활용될 잠재력은 막대했다. 맛과 향신료의 결합이라는 아이디어 성공 가능성을 확인한 맥코믹은 2014년 비밴다(Vivanda)라는 회사를 분사시켰다. 또한 서비스 브랜드를 플레이버프린트(Flavor-Print)로 명명했다. 19세기 말까지 전형적인 아날로그 식품 회사였던 맥코믹은 20세기 들어 맛과 음식 분야에서 고객 가치를 추구하는 디지털 기업으로 전환했다.

맥코믹은 플랫폼과 기존 사업의 선순환 구조를 확립했다. 플랫폼에서 확보한 데이터와 AI 역량을 기존 사업의 신제품 개발에 적용하는 방식이다. 2000년대 이후 식품과 향신료 산업의 경쟁은 치열해지고 소비자들의 변화도 심해졌으며 웰빙 관련 시대적 트렌드도 강해져서 기업들의 어려움은 가중되고 있었다. 맥코믹은 자체적으로 정비한 데이터 기반과 플랫폼을 통해서 확보한 소비자의 선호도 정보를 AI로 분석해 새로운 맛과 신제품 개념을 탐색했다. AI로 탐색된 개념은 식품 과학자들이 구체화해 실제 제품 개발로 이어졌다. 결과물로 2019년에 3가지의 맛 플랫폼을 개발했다. 터스칸 치킨과 부르봉식 돼지 안심, 뉴올리언스식 소시지 등 3가지 요리에 들어가는 향신료는 시장의 호응을 얻었다. 또한 AI를 활용해 기존 개발 과정을 최대 70% 이상 단축하는 효과도 거두고 있다.

시장의 평가도 긍정적이다. 매출과 이익이 지속적으로 증가하고 있으며 2016년 50달러 내외였던 회사 주식은 2020년 100달러 수준으로 상승했다.

3 | 시사점: 미각이라는 주관적 선호를 디지털 데이터로 전환

향신료 유통업은 디지털 AI와는 거리가 있다고 생각되는 영역이다. 통상 제조 공정이나 물류 효율화 정도로 접근했다. 그러나 맥코믹은 맛이라는 향신료 본연의 가치에 집중해 플랫폼으로 연결하고 AI를 접목시켜 새로운 가능성을 만들었다.

도레이, 데이터 연결과 AI로 B2B2C 제조 플랫폼 구축

1 | 요지: 데이터를 연결해 생산과 개발에 활용하는 네트워크

1926년 창업한 도레이는 일본을 대표하는 합성섬유 플라스틱 제조 기업이다. 중간재 생산 기업으로 일반 소비자에게 생소했으나 일본 패스트 패션 기업인 유니클로의 소재를 공급하면서 대중에게도 알려지기 시작했다. B2B 제품 생산이라는 납품의 개념을 데이터 연결을 통한 시장 수요 공동 대응이라는 디지털 AI 개념으로 혁신했다.

2 | 진행 과정: 판매 및 생산 데이터 리얼타임 공유 전략

일본 화학섬유 산업은 1990년대에 정체가 시작되었다. 중국을 비롯한 개발도상국의 진입과 선진국의 고비용 구조로 한계에 봉착했다. 이러한 상황을 도레이는 중간재 생산 기업이라는 기존 개념을 넘어서 최종 소비재 기업과의 협력이라는 새로운 구조로 타개했다. 유니클로의 히트 상품인 히트텍, 울트라다운 등은 도레이가 공급하는 특수 소재로 생산된다.

현재 도레이 매출의 40%를 담당하는 유니클로와의 협업은 2003년이 출발 시점이었다. 패스트 패션 기업인 유니클로는 새로운 소재와 시장과 밀착된 신속한 대응 생산을 사업의 기본으로 삼았다. 도레이는 혁신적 소재의 개발과 납품이라는 기존의 개념만으로는 유니클로의 요구에 대응하기 어렵다고 판단했다. 이에 따라 유니클로의 판매 데이터와 도레이의 생산 데이터를 결합하는 대응 구조로 접근했다.

유니클로의 매장에서 판매되는 제품의 데이터는 도레이로 전달되어 생산계획으로 반영되었다. 이는 시즌별로 책정하는 계획 생산을 최소로 하고 판매량에 따라 추가 생산을 신속하게 진행하는 시스템으로 발전되어 유니클로의 매출을 증가시키는 선순환 구조의 핵심이 되었다. 도레이는 시장 상황이 담겨 있는 판매 데이터를 분석해 다음 시즌의 생산계획 수립에도 반영했다.

2016년부터는 유니클로의 오프라인 점포와 온라인 쇼핑몰 및 도레이의 생산 공장을 실시간으로 연결시키는 데이터 리얼타임 공유 전략으로 통합성을 높였다. 판매 현장과 생산 현장이 실시간으로 연결되면서 시장 수요 대응 생산 역량도 높아졌다. 이는 유니클로 재고의 최소화와 도레이 생산계획의 효율성 상승으로 모두에게 이익이 되었다. 일본의 섬유 생산은 1990년대 이후 절반으로 감소했으나 도레이의 이익은 10배로 증가했다.

유니클로 협업과 함께 탄소섬유 부문은 도레이의 양대 축이다. 도레이가 1960년대에 개발한 탄소섬유의 무게는 철의 25% 이지만 강도는 10배인 신소재다. 개발 당시 잠재력은 높이 평가 받았으나 높은 가격으로 대규모 수요처를 찾기가 쉽지 않았다. 그러다 1974년 미국 보잉이 항공기 제작에 탄소섬유 도입을 결정했다. 도레이는 보잉에 탄소섬유를 납품하면서 수요가 형성되기 시작했다. 도레이는 단순한 소재의 납품이 아니라 신소재 도입에 따라 초기에 발생하는 보잉의 문제를 공동으로 해결하는 방향을 설정했다. 이에 따라 성형과 조립에 대한 시뮬레이션 서비스를 제공했고, 보잉 조립 공정의 효율성을 높이는 공정 개선 아이디어를 개발해 적용했다. 도레이는 이러한 과정을 통해서 막대한 분량의 현장 데이터를 확보했고 이를 탄소섬유의 물성 개선에 반영했다.

　2020년 5월 도레이는 'DX에 의한 경영 고도화'를 중장기 경영 과제로 설정했다. AI를 활용해 연구 개발에서 생산까지 전체 프로세스의 고도화와 효율화를 목표로 하고 있다. AI 기술로 과제 해결을 위한 아이디어와 방향성을 얻고 실행 과정에서는 인간의 경험을 결합시키는 방식이다. 우선적으로 생산공정의 모니터링과 품질 검사에서 AI를 도입하고 다음 단계로 연구 개발 부문에서 적극적으로 활용할 계획이다. 화학섬유, 플라스틱, 신소재 등 고분자 기술 분야에서 축적한 데이터를 AI로 학습시키고 필요한 물성을 탐색한다. 그리고 AI를 활용해 시뮬레이션과 인포매틱스에 의한 가상 실험을 통해서 신물질 개발을 진행한다.

3 | 시사점: 현장 경험과 디지털 AI 기술의 융합

　"일본의 현장 능력을 강점으로 살릴 시대의 도래에 주목해야 한다. 첨단 디지털 기술 자체는 강점이 되지 않는다. 디지털 기술을 어디에 어떻게 쓰면 가치가 생겨나는지가 중요한 포인트가 된다. 디지털화해야 하는 포인트와 프로세스를 발견하는 힘이 있는 것은 현장의 인재다. 디지털 변혁의 주 싸움터는 가상의 현장이 아니라 산업의 리얼한 현장에 있다. 리얼한 현장의 디지털 전환(DX)은 현장에 축적된 노하우와 기술이 강력한 무기다. 아날로그적인 숙련 기술을 디지털화해 조직 내에 이식하는, 혹은 피지컬한(물리적인) 요소와 디지털을 융합한 시스템에서 고객에 새로운 가치를 낳게 하는 틀은 강한 현장력을 가지지 않은 해외 기업들은 흉내낼 수 없다. 이런 DX 추진이 일본의 승산이라고 생각한다."

- 마스다 다카시, 도레이 경영연구소 수석이코노미스트

뱅크오브아메리카, 데이터 분석 테크 기업을 지향

1 | 요지: 전통 은행에서 맞춤형 AI 디지털 금융 서비스로 전환

BANK OF AMERICA

1784년 설립된 230년 역사의 뱅크오브아메리카(BOA, Bank of America)는 아날로그 시대의 전형적인 은행업으로 성장했다. 디지털 트렌드에 대응해 업의 본질을 '맞춤형 금융 데이터 분석 사업'으로 재정의했다. 모바일 앱인 에리카(Erica)를 주축으로 데이터 수집과 AI 분석을 통해 고객 개개인별 특성에 맞는 금융 서비스 기업으로 변신하고 있다.

2 | 진행 과정: 아날로그 금융 사업을 디지털 데이터 AI 분석 사업으로

역사상 최초의 인터넷 은행은 1995년 미국에서 설립되었다. 미국에서는 제조 기업을 위시해 카드사, 증권사 등 비은행 금융기관의 진출이 활발했으며, 유럽에서는 주로 기존 은행들의 자회

사나 사업부 형태로 추진되었다. 출범 초기에는 시장 판도를 뒤흔들 잠재력이 있다는 평가도 있었으나 이후 찻잔 속의 태풍에 머물렀다. 미국 및 유럽의 인터넷 은행 총자산은 전체 은행 대비 3% 이하로서 영향력은 제한적이다. 기존 대형 은행들이 ATM 보급과 온라인 뱅킹 서비스 등 비대면 채널을 적극적으로 확충하면서 효과적으로 대응해왔기 때문이다.

하지만 21세기 들어 4차 산업혁명이 전개되면서 플랫폼이 출현하고 AI를 활용한 빅데이터 분석이 발전하면서 상황은 달라졌다. 과거 버전(version) 1.0 인터넷 은행은 정보 기술을 활용한 비대면 자동화로 편리성을 제고하는 차원이었다. 반면 버전 2.0 디지털 은행은 플랫폼을 매개체로 다양한 데이터의 AI 분석에 기반한 맞춤형 서비스로 고객 접점 자체를 선점하기 때문이다.

미국의 대형 상업은행인 BOA는 2000년대 중반부터 디지털 기술에서 촉발되는 금융 산업 변화에 본격적으로 대응하기 시작했다. 출발점은 금융업에서 데이터의 중요성 변화를 이해하고 사업 구조의 변화에 반영하는 것이었다. 과거 아날로그 시대의 은행들은 운용 자산 및 관리 자산 규모에 따라 위상이 결정되었지만 디지털 시대에는 데이터의 양과 질이 핵심이라고 보았다. 그리고 풍부한 데이터를 기반으로 AI를 접목해 소비자에게 맞춤형 금융 서비스를 제안하는 역량에서 금융업의 미래가 걸려 있다고 판단했다. 기존 데이터를 정비하고 추가 데이터를 확보하기 위한 방안을 모색한 결과 금융 플랫폼 전환, 실용적 앱을 통한 금융 서비스 제공, AI 역량의 확보를 추진했다.

2020년 금융 상품 판매와 대출의 50%가 온라인 채널에서 발생했으며, 2019년의 27%에서 급상승했다. 이는 2018년 출시한 모바일 앱인 에리카의 사용 빈도 상승에 주로 기인한다. 에리카 사용 고객은 2020년 말 기준 전년 대비 67% 증가한 1,700만 명을 기록했고, 하루 평균 40만 건의 고객 대응이 발생한다. 에리카는 애플의 모바일 음성인식 비서 시리(Siri)를 벤치마킹해 대화형 UI로 편의성을 높였다. 계좌 조회와 송금 등의 단순 업무에서 대출 연장, 이자 상환 등 상담원이 필요한 업무도 편리하게 처리한다.

상업은행의 주요 상품인 모기지(부동산 담보 대출)도 디지털 뱅킹으로 급속히 전환시켜서 시장 주도권을 유지하고 있다. 2020년 BOA에서 실행된 모기지의 68%가 디지털로 이루어졌는데 2019년 36%의 2배에 이른다. 고객이 은행의 모바일 앱 또는 온라인에서 모기지를 신청하면 AI를 활용하는 시스템이 뒷받침하기에 가능한 성장이다.

에리카를 포함한 디지털 뱅킹의 확대는 고객 서비스 품질도 높이지만 고객 관련 데이터를 확보하는 효과도 크다. 2020년 에리카 신규 고객의 25%가 55세 이상의 베이비 붐 세대로서 핵심 고객층이다. 상대적으로 디지털 데이터를 많이 확보하지 못한 이들의 데이터를 확충했다.

BOA는 궁극적으로 AI를 활용한 개인 맞춤형 디지털 금융 서비스 사업의 주도자를 지향하고 있다. 우선적으로 에리카의 기능을 확장하고 세분화해 모든 고객 개개인에게 특화된 일종의 금융 비서 역할을 수행하도록 시도한다. 고객 개개인의 소득, 소비, 저축, 자녀 교육, 자산 운용, 주택 구입 등 모든 수요에 대한 실질적인 조언과 필요한 서비스를 제공하는 개념이다. 이러한 방향성의 중심에는 AI가 있다.

3 | 시사점: 아날로그 은행이 아닌 디지털 AI 사업으로 변신

"우리의 겉모습은 대형 은행이지만 사실상 기술 기업이다. 그것이 우리가 지향하는 미래이다. 무엇보다 고객들이 우리를 그쪽으로 옮겨 가기를 요구하고 있다."

– 브라이언 모이니한 CEO

폰테라, AI 활용으로 우유 품질 최적화 및 생산 증가

1 | 요지: AI를 활용한 글로벌 경쟁력 제고

폰테라 협동조합은 뉴질랜드 최대의 유제품 생산 단체다. 1871년 최초로 조합이 설립된 이후 여러 합병 과정을 거

처 2001년 최대 낙농 조합인 폰테라로 합쳐졌다. 2018년 기준 세계 1위 유업체는 미국의 데어리 파머 오브 아메리카(Dairy Farmers of America)로 연간 2,900만 톤을 처리하며 2위 뉴질랜드의 폰테라(Fonterra)가 2,300만 톤이다. 폰테라의 뉴질랜드 내수 시장 점유율은 80%를 상회하지만 매출의 95%가 해외 수출이다. 우리나라의 반도체와 같은 수출형 국가 기간산업으로 경쟁력 유지에 국가의 사활이 걸려 있다. 폰테라는 AI를 생산 공정 최적화 및 품질 개선에 적용하고 있다.

2 | 진행 과정: AI를 활용한 생산공정 최적화

생산의 95%를 해외 수출하고, 그중 1/3이 우유 분말이며, 나머지도 치즈, 버터, 단백질 제품 같은 가공식품이다. 따라서 품질에서 가장 신경 쓰는 게 파우더 입자의 크기나 밀도 같은 물리적인 특성이며 지방이나 단백질 함유량 등 화학적 성분도 중요하다. 이런 배경에서 폰테라는 가루우유 품질 혁신 작업에 들어가서 여러 변수로부터 가루우유의 품질을 예측하는 AI 프로그램 개발에 착수했다. 궁극적으로 가루 입자의 크기나 밀도를 균일하게 생산하는 프로세스 구축이 목표였다.

AI 프로젝트에 오클랜드 공대 연구진이 참여했고 6년 동안 3개 주요 공장에서 수백만 데이터를 수집했다. 온도 같은 환경 상태는 물론이고 여러 공정 변수들과 함께 가루 분말의 물리적, 기능적 특성 값을 다 모았다. 데이터 누락은 전처리로 보강해 AI

모델을 개발했다. 방대한 작업을 진행했지만 첫 모델의 예측 정확도는 50% 수준에 머물렀고 현업에 활용하기 어려웠다. 이러한 상황에서 현장 경험이 풍부한 실무자들이 해결사로 나섰다. 이들은 비즈니스 관행이나 회사 현황을 속속들이 알고 있었기 때문에 데이터 속에 담긴 의미를 금방 파악했다.

첫째로 폰테라 실무자들은 3개의 공장에서 나온 제품이 확연히 다름을 이해했다. 각각의 공장은 설립된 시기가 달라서 생산 시설의 디자인과 공법이 완전히 별개였고, 이는 우유 분말에도 영향을 미쳤다. 도메인 전문가들의 조언으로 팀원들은 데이터의 특징을 알아보는 주성분 분석을 수행했더니 공장별로 데이터가 확연히 다른 특성을 보였다. 그래서 공장마다 AI 예측 모델을 독립적으로 구성했다.

둘째는 공장마다 데이터가 구별되는 것처럼 연도별로도 다를 거라고 생각했다. 같은 공장이더라도 해마다 기후가 바뀌기 때문에 생산된 우유의 특성이 달라질 수 있다. 역시 연도별로 데이터의 특성을 나눠봤더니 차이가 났기에 연도별 기후 데이터를 추가했다.

마지막 세 번째가 가루우유 저품질 데이터다. 현업 경험보다 가루유유 품질이 문제가 된 데이터가 적었다. 공장 품질관리자들은 고의가 아니더라도 재생산에 들어간 경우 데이터를 지우는 일이 많아서 생기는 현상이었다. 그래서 데이터를 훈련시킬 때 이런 경우를 더 많이 샘플링해서 넣었다.

이렇게 방대한 데이터 속에 감춰져 있던 현장의 특성들을 반영해서 모델링을 개선한 결과, 95%의 예측 정확도를 보여 AI 프로그램이 성공적으로 도입되었다. 현장을 잘 아는 도메인 전문가인 실무자의 도움 없이 AI 전문가들만으로는 이러한 문제를 신속하게 해결하기 어려웠을 것이다.

3 | 시사점: 1차 산업에도 적용되는 디지털 AI 기술

이 장의 해외 사례는 전략적 차원의 사업 모델 혁신이지만 폰테라 사례는 전술적 차원의 프로세스 혁신이다. 그러나 유제품과 같은 1차 산업에서 AI를 적용한 글로벌 사례로서 의미가 있어 소개했다.

국내 사례:
전술적 프로세스 혁신 중심

실제 수행 프로젝트를 중심으로 한 국내 사례

국내 사례는 알고리즘랩스에서 실제 수행한 프로젝트를 기반으로 재구성한 내용이다. 이는 자체적으로 개발한 'AI Pipeline Optimizer'라는 AI 엔진을 적용했다. 앞서 언급한 대로 AI에 대한 사전 지식이 없었던 도메인 전문가들이 5일간의 교육프로그램에서 기획한 내용을 바탕으로 프로젝트로 발전한 경우도 다수 포함되어 있다.

| AI Pipeline Optimizer |

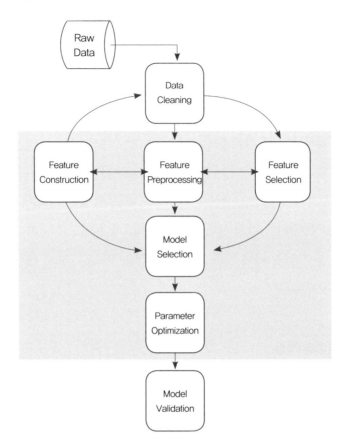

**AI 솔루션 개발을 쉽게 해주는 AI 엔진으로서
유전학 알고리즘 기반의 AI Pipelin 최적화 기술**

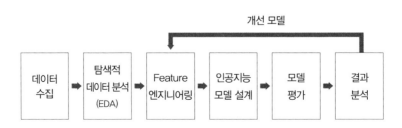

SCM 수요예측: 식료품 생산

1 | 문제 정의

5천여 개의 상품 단위 품목(SKU, Stock Keeping Unit)에 대한 수요 예측을 공급망 관리(SCM, Supply Chain Management) 부서 담당 팀의 경험과 직관에 따른 단순 의사 결정 방식(휴리스틱)으로 진행하고 있었다. 수요예측에 대한 정확도가 50% 내외에 불과했다. 수요예측의 부정확성은 생산계획, 재고관리 등의 후속 프로세스의 오차로 확대되어 판매 현장의 결품 현상, 과다 재고 등이 반복적으로 발생했다. 이에 따라 AI를 적용해 문제(pain point) 해결 방안을 모색했다.

2 | 데이터 특성

SKU 품목에 대해 1주일을 기본 단위로 구분해 1년(52주)의 수요량 데이터를 정리했다. 5천여 개 SKU 품목 중에서 신규 출시, 판매 중단 등으로 52주 데이터 정리가 어려운 1천여 개 SKU 품목을 제거하고 4천여 개를 분석 대상 데이터로 설정했다.

3 | AI 분석

AI 기술을 적용해 과거 수요량에 대한 패턴을 분석했다. 향후 1주, 1개월 예측을 실시했다. 현재 수요량에 어느 정도 과거의 수요 패턴이 영향을 미치는지를 고려해 AI 모델링을 수행했고,

실제 정확도가 50%에서 75% 수준으로 향상되는 효과를 볼 수 있었다.

4 | 분석상 주요 이슈

수요예측을 데이터 기반으로 체계적으로 접근했던 경험이 부족해 활용 가능한 수준으로 데이터가 정리되어 있지 않았다. 예를 들어 SKU 품목마다 현재 수요에 영향을 미치는 과거의 주간 단위가 다름에도 구분되어 있지 않았다. 결국 분석 과정에서 전체 품목에 대해 임의로 과거 기간을 설정해 진행했다.

5 | 시사점

AI는 데이터 패턴의 추출에서 강점이 있다. 수요예측에서도 과거의 판매 데이터를 패턴화하고 미래에도 반복되는 방식으로 접근한다. 과거 판매 데이터를 계절, 시기, 이벤트, 연말 등의 특성에 따라 재해석하고 패턴을 추출했다. 판매 데이터와 다른 가설적 특성을 연계시킨 분석으로 수요예측 정확도를 대폭 높였다. 이에 따라 수요예측에서 시작되는 SCM 전반의 프로세스가 개선되었다. 설정된 데이터 구조로 향후의 판매 데이터를 투입하는 과정을 반복하면서 모델의 완성도는 더욱 높아질 것으로 예상한다.

마케팅 가격 설정: 건설자재 생산 기업

1 | 문제 정의

제품의 출하 단가 결정 시 해당 사업부에서 직관적 단순 의사 결정인 휴리스틱 방법을 사용하고 있었다. 원가를 감안한다고는 하지만 출하 단가 책정의 근거와 논리, 적합성이 항상 논란이었다.

또한 출하 이후 가격이 시장과 괴리되어 사후 할인을 시행하는 등 비효율적인 관리 문제도 지속적으로 발생하고 있었으나 명확한 해결 방안을 찾기 어려웠다. 이에 따라 제품별로 적정한 출하 단가 예측이 필요한 상황이었다.

2 | 데이터 특성

최근 3년간 판매된 제품의 제조 시기, 제품군, 수량, 구입 고객, 가격, 할인 정보 등의 데이터를 정리했다. 데이터 전처리를 통해 불필요한 특성 및 이상치를 제거했다.

3 | AI 분석

현업 담당자의 업무 프로세스에 대한 이해도를 바탕으로 설정한 AI 적정 가격 예측치의 목표 오차율은 10% 내외로 설정했다. 과거 실제 거래된 10만 건 이상의 데이터에서 '수량-가격-할인 여부'의 3가지 요인을 중간 단계에서 예측하고, 최종적으로 가격의 적정성을 예측할 수 있는 AI 모델을 구성했다. 프로젝트 진행 중에 실험적으로 테스트한 모든 제품군에 대한 오차율 예측에서 9% 내외를 기록했다. 최종적으로는 고객이 요청한 제품군 3건에 대해 모델을 적용해 예측치를 산출했다. 예측치를 검증한 결과 오차율 5% 이하를 달성했다.

4 | 분석상 주요 이슈

주어진 데이터를 분석하는 과정에서 특정 자재의 가격이 음수(-)로 표기되는 경우가 있었다. 이를 이상치로 판단하고 제거했는데, 현업에서는 특정 이슈에 따라 이러한 가격을 특별히 적용하는 사례가 있음을 확인했고 도메인 전문가의 가이드에 따라 데이터를 다시 처리했다. 그리고 전체 품목 대상의 AI 모델 구축과 달리 분석 대상 영역을 축소 조정해 가장 거래가 활발한 특정 품목군을 중심으로 AI 모델을 구현했을 때 오차율이 약 2배 이상 개선되는 효과가 있었다.

5 | 시사점

건설사에게 B2B로 판매되는 건설자재는 수량과 시황, 고객에 따라 가격 변동 폭이 크고, 판매 이후 추가 물량의 할인으로 보정하는 경우가 자주 발생했다. 이런 일이 벌어지기 전에 과거 데이터를 정비해 고객별, 채널별로 제시하는 기준 가격을 예측하고 적용하면 가격의 적정성을 확보하게 된다. 이는 데이터 기반의 가격 책정 체계를 마련해 고객 신뢰를 제고하고 내부 관리상의 비효율까지 감소시킬 수 있었다.

영업 설비망 구성: 대단지 아파트 CCTV 설치 사업

1 | 문제 정의

대단지 아파트는 보안 및 관리상의 이유로 단지 내 CCTV 네트워크를 설치 운영하고 있다. 일반적으로 CCTV는 일정 시간이 지나면 성능이 저하되기 때문에 정기적으로 교체해야 한다. 그러나 입지적 특성, 지출예산, 설비의 내구성 등으로 인해 단지마다 교체 주기는 다르게 나타난다. 영업 부서에서는 교체가 필요한 아파트 단지를 예상하고 방문 영업을 진행하지만 영업 사원의 주관적 판단에 근거한 예측이 부정확했기에 영업 역량의 낭비가 심했다. 영업 역량에 대한 낭비를 줄이기 위해, 본사 차원에서 데이터 기반으로 잠재 영업 후보군을 추출하는 프로세스의 도입을 추진했다.

2 | 데이터 특성

영업 대상 지역 모든 아파트의 주소, 연식, 동수, 세대 수, CCTV 교체 연도 등을 데이터로 정리했다. 이 과정에서 주소의 경위도도 추출해 추가 변수로 적용했다.

3 | AI 분석

2020년까지의 아파트 정보 및 영업 정보를 바탕으로 2021년의 CCTV 설비 교체 가능성이 높은 아파트 단지를 예측하는 과제였다. 과거의 데이터로 미래 시점 정보를 예측해야 했기에 난이도가 높았다. 분석을 위한 데이터 정비 과정에서 전국 아파트의 식별 정보가 통합되지 않은 부분이 있어 이를 통합하고 취합하는 과정을 거쳤다. 값을 예측하는 AI 모델이 아니라 설치 여부를 분류하는 모델을 활용했으며 정밀도 70% 이상을 성능 목표로 설정했다.

참고로 정밀도는 AI 모델이 설치 가능성이 있다고 예측했을 때 실제로 설치할 확률을 나타내며, AI가 결과 값에 대한 신뢰도 지표다. 실제로 이 프로젝트의 정밀도는 80% 이상을 달성했다.

4 | 분석상 주요 이슈

과거의 데이터로 미래를 예측하는 주제로서 예측 시점에서 확보할 수 없는 데이터를 잘 정리할 필요가 있었다. 가령 2019년까지의 데이터를 통해 2020년 설치 여부를 예측한다고 했을 때, 2020년에 알 수 있는 데이터는 제외하고 학습을 해야 하는데 이러한 부분이 처음에는 고려되지 못했다. 2019년까지 데이터를 보유한 상황으로 가정하고 데이터를 설계하면, 2020년도에 특정 아파트에서 CCTV를 설치했는지 여부가 당연히 제거되어야 한다. 하지만 최초 분석 시 제거되지 않아 미래 정보가 과거 데이터에 담겨 있는 데이터 유출 이슈와 정확도 및 정밀도가 과도하게 높게 나오는 이슈가 있었다. 따라서 데이터 유출 효과를 없애기 위해 2019년까지의 데이터 세트에 2020년에 알 수 있는 정보를 모두 제거하는 작업을 다시 한번 수행했다.

데이터 유출 이슈 외에도 1년이라는 단위 기간 동안에 설치하는 아파트 숫자가 설치하지 않는 아파트 숫자에 비해 극히 적은 데이터 불균형 이슈도 있었다. 이럴 경우 AI는 통계적으로 설치하지 않는 아파트의 숫자가 과도하게 많은 데이터로 학습하기 때문에 실제로는 설치 가능한 아파트를 설치 대상에서 제외하는 확률이 높아지는 문제가 생긴다. 이를 해결하기 위해 설치하는 아파트의 숫자를 인위적으로 늘리는 데이터 복제 작업을 수행했고 이를 기반으로 데이터 불균형 이슈를 상당 부분 해소했다.

5 | 시사점

기업의 핵심 영업 활동을 지원하는 프로젝트였다. 전국의 아파트 단지에 대한 정보가 어느 정도 취합 가능한 수준으로 존재했고, 이를 AI에 적합한 형태의 데이터로 만들어 고도화된 영업 프로세스의 구축 가능성을 확인할 수 있었다. 영업 대상의 우선순위를 AI 분석 모델을 통해 도출한다는 관점에서 다양한 영역으로 확대 가능한 사례로 보인다. 향후 본사 차원의 데이터 분석 결과와 함께 영업 담당 임직원의 경험과 직관까지 데이터 설계에 효과적으로 반영되면 AI 모델이 더욱 개선될 것으로 예상한다.

원자재 시황 예측: 식음료품 사업

1 | 문제 정의

식음료품 사업을 운영하는 기업이다. 제품 생산에 투입되는 원자재 구매 시 전략적인 프로세스가 부재한 상황이었다. 원자재의 특성상 연간 가격 변동성이 40% 이상으로 전략적인 구매에 어려움을 겪는다. 그렇기 때문에 AI를 바탕으로 가까운 미래 시점의 원자재 가격 추이를 예측하는 문제를 현업 담당자가 정의했다.

2 | 데이터 특성

원자재의 특성상 다양한 요소들이 있다. 국제 원유 가격, 달러 환율, 특정 국가의 환율 등이 중요했으며 원자재를 생산하는 주요 국가의 각종 경제지표도 포함되어 있었다. 특정 원자재 가격에 영향을 미치는 모든 요인을 정의하기는 불가능했다. 따라서 현업 담당자의 경험과 직관을 토대로 50여 개의 주요 요인들을 정의했다.

3 | AI 분석

원자재를 분석하기 위해 시간에 따라 예측 값이 변하는 시계열 AI 모델을 구성했다. 2015년부터 2020년 데이터를 토대로 예측 모델을 구성했다. 원자재 특성상 거시 지표가 많이 활용되면서 여러 기관에서 데이터를 입수해 모델링에 반영했다. 복잡도가 높은 분석은 시계열 데이터의 흐름에 다양한 암묵적 요인들이 반영되었다는 가정으로 시계열 특성과 패턴 분석에 집중한다. 유가, 달러, 특정 국가 환율 등에 특정 변수의 미래 추이를 예측해 미래 시점의 원자재 관련 요인들의 지표를 도출하고 이를 토대로 미래 가격을 예측했다. 예측 시점부터 2~3주 미래 구간의 원자재 가격 예측을 목표로 했고, 실제 가격과 AI 모델 예측 가격의 오차율 6% 미만을 목표로 진행했다. 실제 AI의 예측 오차율은 3% 내외로 도출되었다.

4 | 분석상 주요 이슈

종속변수인 원자재 가격의 정확한 예측을 위해 미래 시점의 독립변수인 유가, 달러 등을 근사하게 예측해야 하는 이슈가 있었다. 그러나 현업 담당자의 프로젝트 기획 시점에서 미래 시점의 독립변수 예측에 대한 전제를 고려하지 못했다. 미래 시점의 지표를 제거하기에는 가격에 미치는 영향이 큰 것으로 분석되어서, 미래 시점의 독립변수 지표를 예측하는 AI를 선행해 구성하는 별도의 프로세스를 추가했다. 원자재 가격 예측을 위한 데이터를 준비하는 단계에서 대략 8개의 AI 모델을 별도로 구성했기에 난이도가 높은 프로젝트였다.

5 | 시사점

AI 모델 구축에 대한 현업 담당자들의 반응은 엇갈렸다. 원자재 예측 가격의 오차율 3% 이내로 실제 가격이 유지된다면 당장 선물거래 시장에 적용해 경제적 이득을 취할 수 있다는 식으로 불신하는 입장조차 있었다. 담당 팀은 기존의 경험에 따른 단순 의사 결정에 기반한 구매 절차에 대비해 유가, 달러 등 영향 변수 추이의 예측을 토대로 원자재 가격을 예측하는 방식이 합리성을 높인다는 관점으로 이해 당사자들을 설득했다.

AI 모델에게 절대적으로 높은 과도한 목표를 기대하지 않고 기존 방식과 비교 시 유의미한 개선을 기대하는 상대적 목표를 바탕으로 접근했다. 실제의 원자재 가격 변동에도 특정 데이터와의 상관관계에 따른 패턴이 존재한다. 이러한 패턴을 AI로 해석함으로써 원자재 가격 예측에도 활용되는 가능성을 확인할 수 있었다.

부실채권 발생 확률 예측: 전 기업

1 | 문제 정의

거래처에게 제품과 서비스를 공급하면 매출이 발생하고 매출 채권이 생겨난다. 일정 기간 후 매출 채권에 따라 현금을 지급받는 구조는 모든 사업에서 공통적으로 해당된다. 매출 채권 부실화는 손실로 직결되기 때문에 부실채권 최소화는 자금 관리의 중요한 업무다. 이 문제를 해결하기 위해 사전에 부실 거래처를 감지해 대응 체계를 마련하고자 하는 프로젝트가 기획되었다.

2 | 데이터 특성

최근 7년간 거래처와의 매출 및 매출 채권 회수 관련 데이터를 분석해 부실 거래처와 정상 거래처의 기준을 세웠다. 이를 바탕으로 거래처, 매출액, 채권액, 회수 기간 등 관련 지표를 일자별로 취합했다. 매출액, 채권액 등은 시간에 따라 변동되는 시계열적 특성이 있는 데이터로 분석을 실행했다. 기존 통합정보시스템(ERP, Enterprise Resource Planning)에서는 AI의 포맷에 적합하게 데이터가 적재되어 있지 않아 일부 데이터 전처리 과정을 거쳤다. 데이터를 부실 여부에 영향을 미치는 요인과 부실 여부 등 새로운 형식의 데이터 포맷으로 정비했다.

3 | AI 분석

거래처의 채권액과 매출액 추이, 시간에 따른 재무 지표 개선 등에 대해 동시 분석이 필요해 이에 맞도록 데이터를 설계했다. 특정 거래처의 2021년 4월까지의 데이터가 존재할 때, 2021년 5월에 부실 거래처로 사고 발생 가능성을 예측하는 방향으로 설계했다. 각 기업마다 거래한 기간이 다른 부분을 어떻게 고려할 것인지를 현업 담당자와 논의하며 AI 분석을 실시했다.

기존에 부실 거래처를 사전에 예측하는 프로세스는 존재하지 않아서 절대적인 목표치를 설정했다. 예측 정확도 70%를 목표로 했으며 실제 분석 결과 약 75% 수준의 부실 예측 확률을 확인했다.

4 | 분석상 주요 이슈

내부에 축적한 관련 데이터가 AI 학습에 적합한 포맷이 아니었고 담당 팀이 설정한 문제 정의가 명확하지 않았다. 거래처별로 거래 기간이 다른 부분, 부실 예측 대상 시점이 기준일 이후 1개월 후인지 2개월 후인지 등이 정의되지 않아서 어려움을 겪었다. 초기 시행착오를 통해서 과거 어느 정도 기간의 데이터를 표준 기간으로 잡고, 향후 어느 정도 기간 안에 사고 여부를 예측할 것인지에 대한 기준을 마련했다. 이 과정을 반복하며 주요 데이터 관점의 고도화 및 모델 관점의 고도화를 수행하며 예측 정확도를 높일 수 있었다.

5 | 시사점

부실채권 발생 위험 확률을 사전에 예측하고 대비해 손실을 감소시키는 과정은 모든 기업에게 필요하다. 사전에 예측해 미래 예상되는 위험에 대비할 수 있다는 실질적 가능성을 확인했다. 기업들이 매출 채권을 포함해 재무적 위험과 관련된 주요 데이터들을 적절히 정의하고 수집한다면 전반적인 위험관리 수준이이 향상될 수 있을 것이다.

HR 퇴사자 예측: 전자 부품 제조

1 | 문제 정의

산업의 변화, 경쟁사 동향에 따라 임직원 퇴사율이 지속적으로 높아지는 기업에서 발의되었다. 퇴사자 예측은 HR 영역 중에서 AI가 가장 활발하게 시도되는 부분이다. 퇴사자 발생은 이에 따른 직접적 손실 이외에 대체 인력 채용, 교육, 적응 기간 등 여러 가지 부대 비용과 업무 경험이 사라지는 이슈까지 포괄적으로 발생하기에 기업에서는 반드시 관리해야 하는 문제다.

2 | 데이터 특성

인사 데이터 특성상 개인 정보 보호를 위해 모든 데이터 인자들을 비식별화해 진행되었다. 인사 데이터 취합 시기로부터 향후 6개월 이내 퇴직 가능성이 높은 직원 검출을 목표로 모델이 설계되었다.

3 | AI 분석

데이터 값들이 비식별 처리되어 데이터 전처리에 제약이 많았다. 따라서 통계적 기법을 활용해 주요 인자를 선별하는 과정을 수행했다. 현업 담당자의 도메인 지식을 기반으로 AI의 성능 지표로서 재현율이 채택되었고, 약 0.65% 이상의 재현율 달성을 목표로 했다.

재현율이란 실제 퇴사자 중 AI가 사전에 퇴사 가능성이 높다고 분류한 비율로서, 실제 퇴사할 사람을 얼마나 많이 AI가 사전에 검출했는지에 대한 지표다. 분류 알고리즘의 특성상 정확도, 정밀도, 재현율 등 여러 개념이 복합적으로 활용된다. 실제 모델링 결과 목표치를 초과 달성하며 약 0.73% 이상의 재현율이 도출되었다.

4 | 분석상 주요 이슈

프로젝트 시작 이후 진행 도중에 데이터가 변경되었다. 처음에는 학습용 데이터와 검증용 데이터를 구분해 시작했는데, 학습용 데이터를 취합 및 변환하는 과정에서 본 과제를 기획한 현업 담당자 유관 부서에서 오류가 발생했다. 따라서 학습용 데이터로 분석했던 AI 모델을 폐기하고, 검증용 데이터를 학습용 데이터로 교체해 분석을 실시했다. 이 외에 문제 정의 관점에서 기준일을 기점으로 향후 몇 개월 혹은 몇 년 내에 퇴직할 것인가 하는 기간에 대한 명확한 정의가 없었기에 이를 분명히 정의하기 위한 과정을 별도로 수행했다.

5 | 시사점

통계적 기법과 재직 및 퇴사 인력의 데이터 분포에 대한 시각화를 통해 AI의 약점인 설명력 부분을 보완했다. 퇴사 예측 모델은 모든 인력을 일괄적으로 면담하지 않고 퇴사 확률이 높은 인원을 선별적으로 관리해 조직 전반의 퇴사율을 낮추는 방식으로 활용 가능하다. 기업들은 핵심 인재 유출을 방지하기 위해 다양한 시도를 한다. 따라서 HR 데이터 분석 결과를 활용해 유능한 인재의 퇴사율을 낮춘다면 HR 인력 운영의 효율성을 높일 수 있을 것이다.

일별 급식 수 예측: 케이터링 단체 급식

1 | 문제 정의

급식 시점 1주일 전에 1주일간의 식단을 미리 구성해 단체 급식을 운영했다. 미래 5영업일 아침, 점심 급식 수를 예측해 잔반 최소화를 기획했다. 식단을 공급하는 업체에서 자체적으로 급식 수를 예측하는 프로세스를 갖추고 있지만 경험에 의지해 결정하는 방식으로 한계가 있었다. 이에 의지해 AI 모델링을 통해 정확도를 높이려 했다.

2 | 데이터 특성

시계열 특성을 가진 데이터로 휴일 전날에는 아침, 점심 모두 급감하는 특성을 가지고 있었다. 또한 요일별 주기성이 존재했으며, 사옥 출입 인원과 점심 급식 수 간 유사한 양상을 보이는 경향이 있었다. 전산화된 식당이 영업 개시 후 충분한 기간이 경과

되지 않아 축적된 데이터가 부족했으나 분석을 진행했다. 사옥 출입 데이터를 주요 인자로 쓸 수도 있었으나 미래 값을 예측해야 했고 결측 값도 많아 활용에 한계가 있었다. 급식 수에 큰 영향을 미치는 코로나19 확진자 관련 데이터도 반영해 분석을 진행했다. 그리고 식당의 특성상 메뉴가 급식 수에 큰 비중을 차지하기에 이를 분석 가능한 형식의 데이터로 치환해 AI 학습 데이터로 활용했다.

3 | AI 분석

AI 모델링 과정에서 메뉴명과 같은 자연어가 일부 존재했고, 이를 처리하기 위해 자연어 분석 모델을 1차적으로 활용해 데이터를 정비했다. 이후 자연어 처리된 데이터와 요일 특성 데이터, 기업 특성 데이터 등을 토대로 급식 수를 예측했다. 기존에 오차율 10% 내외에서 AI 모델 적용 후 오차율 5% 미만으로 감소했다.

4 | 분석상 주요 이슈

전산화된 식당 운영 기간이 짧아 활용 가능한 데이터에 제한이 있었다. 복잡도가 높은 점심부터 접근하지 않고 아침 식사부터 접근해 AI 모델 구축을 진행했다. 요일별 특성, 메뉴별 특성, 코너별 특성, 기업별 특성, 시기별 특성 등을 반영해 추가로 모델 고도화가 가능하다고 판단했다.

5 | 시사점

AI를 도입한 단체 급식 수 예측은 원가절감, 환경 비용 감소 등에서 효과를 거두는 영역이다. 대다수의 단체 급식 기업들이 경험에 근거해 대략적으로 수요를 예측하는 방식에 비해 상대적으로 높은 예측률을 보인다. 급식 수 예측 정확도 제고를 통해 임직원의 식사 만족도 향상 및 식자재 비용 절감, 환경 비용 절감 등 여러 효과를 볼 수 있을 것으로 판단한다.

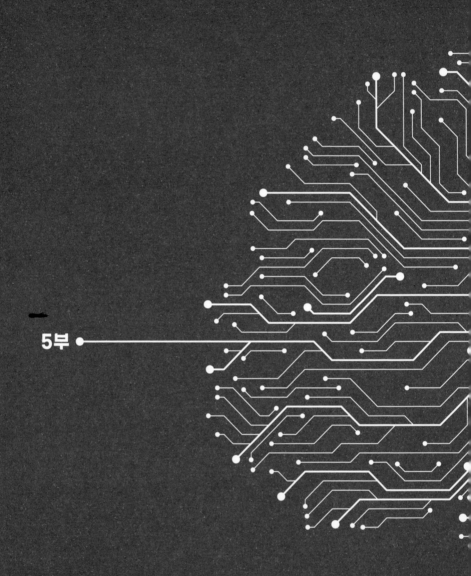

5부

기업의 생존을 위한

AI 디지털 전략 7

AI 디지털 기회를 잡는
기업의 전략적 접근

AI PIVOTING

1 | 빅데이터로 빅 씽크하라

AI 디지털 전환은 패러다임 변화다. 기존 질서가 무너지고 새로운 질서로 대체되는 대격변의 과정이다. 큰 변화를 따라잡으려면 크게 생각해야 한다. 작은 생각으로 큰 변화를 바라보면 부분만을 확대해석하는 일반화의 오류에 빠지거나 아예 이해되지 않아 거부하게 된다. 큰 생각은 나무가 아니라 숲을 보는 안목에서 비롯된다. 패러다임 변화는 큰 생각, 빅 씽크로 접근해야 한다. 그리고 빅 씽크는 디지털 시대의 도구인 빅데이터를 활용해 구체적 현실로 만들어낸다.

빅 씽크가 필요한 이유는 아날로그와 디지털의 불연속성 때문이다. 기업 환경이 아날로그 시대의 고체적 안정성에서 디지털 기술을 매개체로 액체적 유동성으로 변화하고, AI까지 접목되면서 기체적 역동성으로 변화하고 있다. 마치 물이 0℃ 이하에서 얼음이라는 고체로 존재하다가 온도가 올라가면 액체가 되고 100℃가 넘어가면 기체로 질적 변화를 이루는 것과 유사하다. 이러한 변화를 이해하기 위해서는 현재의 상태를 뛰어넘는 시야가 필요하다. 얼음이라는 고체의 연장선에서는 물이라는 액체, 수증기라는 기체의 존재 방식이 연결되지 않는다. 좁은 시야와 부족한 지식으로는 화학식 H_2O로 동일하지만 온도에 따라 성질이 달라지는 얼음, 물, 수증기를 별개의 물질로 인식하게 된다. H_2O에 온도라는 변수 및 0℃와 100℃라는 변곡점을 이해해야 3가지의 변화를 연결해 생각한다.

2007년 번 슈미트(Bernd Schmitt)는 『빅 씽크 전략(Big Think Strategy)』에서 큰 변화를 큰 생각으로 이해하고 큰 전략으로 접근해야 한다고 설파했다. 트로이 목마 하나로 오랜 전쟁을 단숨에 끝낸 오디세우스처럼 시장(市場)을 단숨에 뒤집는 창조적이고 대담한 아이디어가 21세기 기업 전략의 핵심이라는 입장이다. 빅 씽크 아이디어를 도출하기 위해서 다양하고 이질적인 현상들을 연결시켜보고, 외부 사례를 벤치마킹한다. 다음으로 조직에 깔려 있는 고정관념에 도전하고 시간의 틀에서 벗어나 현재 상태를 미래와 과거의 시나리오와 연결해보라고 조언한다.

빅 씽크의 접근 방식은 AI 디지털 전환에서도 유효하다. 앞서 소개한 성공 사례의 공통점은 이질적 요소의 연결, 고정관념에 도전, 시간의 틀에서 탈피에 있다. 고객 경험과 배달 피자의 연결, AI를 적용한 개별 패션 제안, 미각과 데이터 연결에서 출발해 기존 사업 모델의 고정관념에 도전해 미래의 시나리오를 창조했다.

센서와 데이터는 디지털 시대의 기반이다. 속도, 온도, 행동 등 다양한 변수를 감지하는 막대한 숫자의 센서가 다양한 위치에 장착되어 빅데이터를 산출하고 있다. 또한 AI 컴퓨팅 능력의 비약적 발전은 빅데이터를 해석하고 메시지를 도출해 의사 결정을 지원한다. 소위 빅데이터로 나무를 세세하게 살펴보는 동시에 인간의 통찰에서 비롯되는 빅 씽크의 시야로 숲을 조망할 수 있는 시대다. 아날로그 기업의 디지털 피보팅은 빅데이터에 기반해 세부를 파악하면서 빅 씽크의 큰 생각으로 전체 미래 모습을 그리는 방식으로 접근해야 한다.

2 | 선택이 아닌 필수다

누구에게나 기존의 방식은 편안하고 변화는 불편하다. 기존 방식은 현 상태 유지라는 안정감을 주는 반면 변화는 현 상태를 흔들고 미래도 불투명하기 때문이다. 따라서 동일한 조건에서 기존 방식 유지를 선택하는 것은 당연한 귀결이다. 그러나 기존 방식의 유지가 한계를 보이면 상황은 달라진다. 어차피 변화해야 하는 상황에서 어떤 방향으로 가는지가 문제일 뿐이다. 현재 우리나라 대부분의 기업들이 직면한 상황이다.

아날로그 사업 방식을 유지해서는 미래가 없다. 추락하는 속도의 차이가 있을 뿐이지 결말은 동일하다. 오늘날 위스키 상표로 유명한 커티삭의 역사가 19세기 해상운송에서 일어났던 패러다임 변화를 잘 나타내고 있다. 문명 시대 이후 해상무역은 바람을 이용하는 범선이 주도했다. 15세기 후반 대항해 시대가 개막되고 동서양을 오가는 장거리 해상무역이 등장하면서 범선의 위상은 더욱 중요해졌다. 해마다 물동량이 늘어나면서 범선은 커졌고 속도도 빨라졌다.

대형 범선의 전성기는 19세기 중반이었다. 중국에서 수확 철에 선적되어 영국으로 신속하게 운송되는 햇차가 높은 가격에 팔렸기 때문이다. 당시 최초로 도착한 햇차는 운송선까지 전국적 관심사였을 정도로 인기였다. 이런 배경에서 1869년 영국에서 당대의 선박 제조 기술을 총동원한 대형 쾌속 범선 '커티삭(Cutty Sack)'이 진수되었다. 커티삭은 중국과의 차 무역에서 활약했고, 1884년에는 오스트레일리아~영국 양모 운반 항로를 순항 속도 17노트로 67일 만에 주파하는 기록도 세웠다.

당시 증기선은 철로 제작해 무거운 데다 연료인 석탄도 싣기에 화물 적재량이 적었고 속도도 10노트 정도로 느린 고비용 저효율 운송 수단이었다. 이후 증기선 기술이 발전하면서 범선도 다양한 신기술이 개발되었으나 대세는 막지 못했다. 결국 19세기 말엽부터 범선은 대양 무역로에서 자취를 감추기 시작했다.

앞서 소개한 100여 년 전 자동차가 출현하던 시점의 마차 산업도 마찬가지다. 당시 육상의 도로 운송을 지배하던 마차 산업은 자동차라는 새로운 경쟁자를 만났다. 초기의 자동차는 매연이 심한 데다 느리고 시끄러웠다. 가격까지 높아서 마차와 경쟁하기는 어려웠다. 마차 제조업자들은 자동차를 무시하거나 경계하면서 나름대로 대응에도 나섰다. 합리적 가격에 가볍고 튼튼한 마차를 만들며 최선을 다했지만 자동차라는 패러다임 변화의 대세를 막기는 어려웠다.

기존의 아날로그 방식으로는 미래가 없지만, 그렇다고 디지털 기술 기업을 따라가서도 미래가 없다. 모두 가능성이 없다. 아날로그 기업이 디지털 기업을 모방해서 따라가는 동안에 디지털 기업은 더 멀리 도망간다. 디지털 관점에서 사업 모델, 기술 수준, 기업 문화가 모두 확립되어 있기 때문이다. 그래서 아날로그 기업의 선택은 디지털 기업의 단순한 모방이 아니라 아날로그 사업의 디지털 피보팅이 되어야 한다.

디지털 기업의 사례를 벤치마킹해 시사점을 얻고 이를 자신의 디지털 피보팅에 접목하는 방안이 현실적이다. 이는 디지털 기업에게는 없는 아날로그 역량을 경쟁력의 기반으로 디지털 기술을 접목하는 것이기 때문이다. 그리고 이러한 방향은 미래 생존을 위한 선택이 아니라 필수다. 디지털 피보팅을 통한 변화에 나선다고 100% 성공을 보장받지는 못하지만 성공의 가능성은 있다. 그러나 현재 상태 그대로 머무르면 소멸되는 운명을 피할 수 없다.

3 | 전통적 아날로그 영역일수록 기회는 크다

겉으로 보이는 화려함과 실질적 가치가 별개인 경우는 다반사다. 기업의 사업 포트폴리오에서도 마찬가지다. 외관은 화려하지만 수익성은 낮은 사업이 있고 외부적으로 알려지지는 않았지만 실속 있는 사업이 존재한다. 특성에 따라 각자 사업을 보는 전략적 관점은 다르겠지만 외관과 실질이 일치하지 않는 경우도 많다. 미디어에서 흔히 접하는 디지털 기업과 아날로그 기업의 현재와 미래에 대해서도 마찬가지다.

디지털 전환의 추세가 진행되면서 디지털 기술 기업에 대해 세간의 관심이 집중되고 뉴스 미디어에서는 우호적인 관련 기사를 쏟아낸다. 미디어의 특성인 호들갑과 과장으로 증폭되어 아날로그 사업의 비관적 전망이 난무한다. 하지만 기업은 시대적 흐름은 수용하더라도 차분하게 자신의 입장에서 변화를 소화해야 한다. 그렇지 않으면 본질을 놓치고 표면에 현혹되어 중심을 잃고 표류하게 된다.

아날로그 기업 입장에서 '디지털 기업에게는 없고 아날로그 기업인 자신에게는 있는 것'을 정확하게 이해하고 대처해야 한다. 앞서 소개한 미국의 대형 할인점 월마트가 디지털 도전자인 아마존에 대응하기 위해 고민했던 부분과 일맥상통한다. '월마트에는 있고 아마존에는 없는 오프라인 점포'라는 자산의 재해석이 출발점이었다. 미국의 피자 배달 사업자인 도미노도 동일한 맥락이다. 배달 서비스를 디지털 기술과 고객 가치의 관점에서 다시 해석해 재도약을 이루었다. 도미노의 주가는 2008년 11월 3달러에서 2020년 말 400달러 수준으로 130배 상승했다. 소위 빅테크 디지털 기업들을 압도하는 상승률이다.

애당초 아날로그 기업에 대한 기대는 낮은 수준이다. 따라서 디지털 피보팅에 성공하면 평가는 급변하게 마련이다. 이는 단순히 주식시장의 주가 차원이 아니라 아날로그 사업 디지털 피보팅의 잠재력을 나타낸다. 섬유, 패션, 유통, 화학, 철강 등의 전통적 제조업은 물론 주차장, 정육점, 세탁, 쓰레기 수거 등 생활밀착형 서비스업도 디지털 기술을 접목해 포착 가능한 기회는 더욱 크다.

주차장 사업은 통상 빌딩 관리에 부속된 낙후 산업으로 인식된다. 도심의 유휴지와 연로한 경비 어르신의 이미지가 중첩된다. 그러나 실제로는 독립적으로 운영되는 정보 기술 기반의 첨단 플랫폼 사업으로 진화하고 있다. 이러한 변화를 체감하는 개인적 경험이 있었다. 수년 전 서울 도심 빌딩의 지하에 주차하고 업무를 보았다. 주차비를 정산하고 주차장을 나가려는데 차단기가 열리지 않았다. 인터폰을 누르니 젊은 담당자의 목소리가 들렸다. 전후 사정을 설명하고 빨리 내려와서 차단기를 열어달라고 요청했더니 "지금 경기도의 데이터 센터에 있으니 차 안에서 기다리면 확인하겠다."라는 의외의 답변이 돌아왔다. 잠시 후 주차장을 나오면서 정보 기술 기반의 원격 통합 관리 시스템으로 운영되는 변화가 실감되었다. 2000년대 초반부터 선진국에서 주차장 사업이 IT 기반의 전문 업체로 재편되는 트렌드를 서울에서 경험했다. 전형적인 아날로그 사업이었던 주차장 사업은 현재 정보 통신과 빅데이터에 기반한 디지털 플랫폼 사업으로 변신했다.

정육점은 아날로그 시대의 대표적인 소상인 사업이다. 쇠락하는 재래시장이나 소규모 근린 상가의 점포가 먼저 연상된다. 대형 유통 업체들이 등장하면서 축산물 유통도 효율화되었으나 도축에서 판매에 이르는 다단계 가치 사슬의 기본 구조는 변함없었다. 하지만 디지털 언택트에 기반한 혁신적 사업 모델이 등장했다. '언제나 초신선'을 표방하는 스타트업인 정육각은 도축된 고기를 4일 이내에 소비자에게 배송한다. 기존 구조에서는 평균 10일 이상이 소요되던 유통 단계를 대폭 단축했다.

이러한 변화는 도축 후 가공업체에서 소비자에게 직접 판매하는 D2C(Direct to Customer) 구조로 전환했기 때문이다. 이러한 과정에서 발생하는 어려운 과제들은 응용수학을 전공한 청년 창업자가 AI의 머신러닝, 빅데이터 분석, 수요예측 알고리즘 등의 디지털 기술을 접목해 해결했다. 낙후된 이미지의 정육점 사업이 디지털 기술과 접목되면서 새로운 지평을 열고 있다.

4 | 세부 전술로 시작해서 포괄 전략으로 확장하라

아날로그 기업의 AI 디지털 전환은 단거리 경주가 연속되는 장거리 마라톤이다. 큰 아이디어로 큰 그림을 그리면서 단기 목표를 경유하며 지속적으로 나아가는 여정이다. 방향 모색, 데이터 정비, 역량 확보, 영역 선정, 실행과 확산을 진행하면서 조직 문화와 리더십도 재편하는 전사적 과정이다. 빅데이터 확보, AI 알고리즘 도입 등 만병통치약과 같은 특정 솔루션을 도입해 단번에 해결되는 사안이 아니다. 각자의 입장에 맞는 전략적 지향점을 설정하되 구체적 사안들을 전술적으로 해결하면서 전진하는 연속적 과정이다. 군대에 비유하자면 소규모 전투를 연속적으로 치르고 학습하면서 궁극적인 전쟁 승리를 향해 나아가는 과정이다. 소규모 전투의 승패가 전쟁의 승패와 자동으로 연결되지는 않지만 승패를 통해 교훈을 얻고 역량을 확충해야 개별 전투의 승률을 높이면서 전체 전쟁에서 승리할 수 있다.

큰 그림에 따른 전략만으로는 추상적 구호에 그치게 된다. 작은 그림에 근거한 전술만으로는 부분적 개선에 머무르게 된다. 따라서 작은 그림에서 구체적 성과를 만들면서 큰 그림을 추진할 동력을 키워나가는 방식이 되어야 한다. AI 디지털 전환은 조직 내부적으로 누구도 가보지 않은 길이기에 기대와 우려가 교차하게 마련이다. 조직원들이 이해하는 디지털 전환의 개념과 방향성도 각양각색이고 입장도 다양하다. 총론은 동의하지만 각론에서는 반대하는 전형적인 사안이다. 따라서 세부적 전술로 출발해 특정한 영역에서 성공 사례를 만들어 확산하면서 점차 포괄적 전략으로 연결시키는 방향을 설정해야 한다. 전술이란 특정 프로세스를 개선시키는 효율성의 개념이고 전략은 사업모델 재정립, 사업 포트폴리오 재편 등 방향성을 의미한다.

세부 전술은 전체 프로세스에서 병목(bottle neck)을 찾아서 AI 디지털로 해소하는 접근이다. 전술적 단계의 출발은 적용할 영역의 결정이다. 어떤 기업 조직이나 있게 마련인 아픈 부분(pain point, 페인 포인트), 일종의 병목들이 1차 후보군이다. 이 부분은 생물체의 '리비히의 최소량 법칙'에 해당한다. 독일의 생화학자 유스투스 리비히(Justus Liebig, 1803~1873)는 1840년 생물의 생장과 번식은 여러 가지 필수 물질 중에서 가장 적은 요소에 규정된다는 사실을 발견했다. 예를 들어 농작물의 재배에서 필수적이지만 풍부한 이산화탄소나 물이 아니라 미량만 필요하지만 토양 중에 희소한 붕소와 같은 원소에 의해 생물의 생장이 제한된다는 법칙이다.

기업도 다양한 기능과 프로세스 중에서 가장 취약한 부분이 전체의 효율을 결정한다. 이러한 페인 포인트, 병목을 해결하면 전체 효율이 상승하게 된다. 기업도 숙제를 해결하기 위해 지금까지 수많은 노력으로 최대한의 합리화를 이루어놓았을 것이다. 그러나 기존의 방법으로는 한계를 느끼고 더욱 효과적인 방법을 찾고 있으나 실질적 대안은 없었던 영역에서 AI는 새로운 가능성이다.

하지만 처음부터 해묵은 숙제인 페인 포인트로의 직진은 위험 부담이 크다. 궁극적으로 해결해야 할 과제로 가기 위한 우회 경로를 선택해야 한다. AI에 대한 경험이 부족한 상태에서 어려운 문제에 도전해 소기의 성과를 거두지 못하면 조직 전체에 불필요한 거부감과 실망감을 불러일으킨다. 따라서 일단 부담이 적은 영역에서 실전을 통해 경험과 지식을 쌓아야 한다.

우선적 영역은 상대적으로 용이하고 상징성도 있으면서 AI 효과가 기대 가능한 영역을 선정한다. 1차적으로 AI를 적용해 단기간에 작지만 의미 있는 성공 사례를 통해 관련 경험을 축적하고 조직의 기대 수준도 현실화한다. 2차적으로 경험과 자원을 총동원해 AI를 적용한 혁신적 방법으로 페인 포인트를 해결해 전체의 효율성을 높인다. 프로세스 차원의 개별 전투에서 시행착오를 겪고 경험을 쌓으면서 역량을 높이는 세부 전술 단계다.

세부 전술에서 성과를 거두면서 조직 전체가 AI 디지털 전환을 이해하면서 성공에 대해 낙관적인 분위기가 조성되면 포괄 전략으로 확장한다. 기능적 개선이 아닌 사업 자체의 본질적 재편을 모색하고 추진하는 단계다. 전략적 사업 모델 전환으로 확장되면서 이에 따라 자산과 인력의 재편도 실행된다. 아날로그 기업의 디지털 피보팅이 1단계 국지적 영역에서 2단계 전사적 영역으로 확대되는 과정이다.

5 | 기술은 필요조건 수용성은 충분조건

'우수한 기술이 기업의 성공을 담보한다'는 기술의 함정이 있다. 기술력이 우수한 기업이 종종 어려움을 겪는 이유다. 스타트업들이 우수한 기술력으로 뛰어난 제품을 출시하면 성공하리라고 믿다가 시장 반응이 미미해 사업의 피보팅을 고민하는 경우도 마찬가지다. 신규 사업의 성공에서 기술은 필요조건이고 기술 변화에 대한 수용성은 충분조건이다. 마찬가지로 디지털 전환에서도 AI 기술은 필요조건이고 조직의 변화 수용성은 충분조건이다.

1992년 최악의 위기를 겪을 당시 IBM은 세계 10대 특허 기업이었고, 1990년대 최고의 기술 기업으로 평가받던 코닥은 파산했다. 20세기의 초우량 기업 제록스가 1970년 설립한 팔로알토 연구소는 당대 최고의 공학자들을 모아서 개인용 컴퓨터, 레이저 프린터, 마우스, 그래픽 인터페이스 등 최초의 혁신적 제품들을 연이어 개발했다. 그러나 기술적 잠재력을 이해하지 못한 경영진은 대규모 투자 대비 실질적 성과가 부족하다고 불만이 많았다. 또한 연구자들은 개발한 기술의 사업성을 이해하고 경영진을 설득시키지도 못했다. 사업화에 미흡해 사장될 뻔했던 기술들은 이후 마이크로소프트, 애플, 휴렛팩커드 등에서 꽃피우면서 디지털 시대를 개막했다.

제2차 세계대전 태평양 전선의 미드웨이 해전에서도 기술과 변화 수용성의 일화가 있다. 1941년 12월 7일 하와이 진주만 기습 성공으로 우위에 섰던 일본 해군이었지만 이후 항공모함 4척이 침몰하는 참패로 전쟁의 향방이 바뀌었다. 상대 전력에서 열세였던 미국 해군의 중요한 승리 원인 중에 암호해독과 레이더가 있다. 그런데 레이더 핵심 장비였던 안테나는 일본 과학자가 발명했다는 흥미로운 역설이 존재한다.

레이더 개념은 19세기 후반에 출현했지만 전파의 송수신에 효과적인 안테나가 없어 실용화가 어려웠다. 그러던 1926년 영국에 유학하던 일본인 공학자 야기 히데츠구(八木秀次)와 우다 신타로(宇田新太郎)가 우수한 안테나를 개발했다. 그러나 자국민이 개발한 첨단 기술을 당시 일본군 수뇌부는 무시했다. 반면 잠재력을 알아차린 영국은 1935년 '야기-우다 안테나'를 접목한 군사용 레이더를 개발해 실전에 배치했다.

일본군은 1942년 싱가포르 점령 후 입수한 영국군의 레이더 관련 문서에 '야기(Yagi)'란 단어가 반복되자 암호로 생각하고 영국군 포로를 심문했다. 안테나 발명자인 일본인 이름이라는 대답에서 전후 사정을 파악하고 부랴부랴 레이더 개발에 나섰으나 때는 늦었다. 연합군은 레이더를 적극 활용해 영국 본토 항공전, 미드웨이 해전 등 주요 전투에서 승리하면서 전쟁의 주도권을 확보해나갔다.

현재 세계 최강인 미군 공중 전투력의 핵심인 스텔스 기술도 기술 수용성의 산물이다. 1970년대 미국 공군은 소련 공군의 조기 경보망 돌파가 어려운 위기 상황이었다. 1975년 록히드 마틴에 근무하는 36세의 젊은 엔지니어 데니스 오버홀저가 소련 모스크바 공과대학 표트르 우핌체프의 논문에서 스텔스 아이디어를 찾았다. 1981년 등장한 스텔스 폭격기 F-117 나이트 호크로 수십 년 동안 막대한 재원을 투입한 소련의 방공망이 순식간에 무력화되었다. 이후 스텔스 기술은 전투기, 군함으로 확장되면서 무기의 역사를 바꾸고 있다.

1990년 스텔스 아이디어 창안자인 우핌체프는 미국 캘리포니아 공과대학(UCLA)에서 전자기학을 강의했다. 자신의 논문이 스텔스기 개발에 끼친 영향을 모르다가 소식을 접하자 "소련의 나이 먹고 완고한 설계자들은 내 이론에 전혀 관심을 가지지 않았다."라고 술회했다는 후문이다.

이러한 일화에는 기술이 경쟁 우위의 필요조건이라면 조직의 기술 변화 수용성은 충분조건이라는 의미가 내포되어 있다. 기술의 함정은 신제품 개발 영역뿐 아니라 새로운 기술을 흡수해 혁신을 추진하는 과정에서도 적용된다. 디지털 전환을 추진하는 아날로그 기업은 이러한 교훈을 명심해야 한다. 우수한 AI 기술 역량만으로 디지털 피보팅에 성공하기 어렵다. 새로운 지평선이 펼쳐지는 격변기일수록 기술 변화 수용성이 관건이다. 조직이 AI 기술을 비롯해 디지털 피보팅이 가져올 변화에 대한 수용성이 있어야 한다.

6 | 외부 기술과 내부 경험을 연계하라

생태계의 진화와 기업의 혁신은 맥락은 동일하지만 시간 개념에서 차이가 있다. "전략적인 경쟁은 시간을 압축한다. 경쟁은 여러 대(代)가 소요될지 모를 진화를 불과 2~3년의 짧은 기간에 일어나게 만든다."라고 전략 전문가 브루스 핸더슨은 통찰했다.

아날로그와 디지털 시대의 차이점은 속도에 있다. 가속적 변화의 시대엔 기존의 방식으로는 변화를 따라갈 수가 없다. 막연히 열심히 일한다고 되는 게 아니다. 이는 19세기 마차와 20세기 자동차의 속도감이 다른 것에 비유할 수 있다. 마차를 타고 아무리 열심히 달려도 자동차를 따라갈 수 없다. 가장 유효한 대응 방식은 마차에서 자동차로 갈아타는 것이다. 디지털 시대도 마찬가지로 변화에 적합한 방식과 수단을 선택해야 한다. 내부 문제 해결에도 외부 역량을 활용해 속도를 높일 수 있다.

1980년대에 일찍이 미국의 저명한 경영학자 피터 드러커가 "미래의 기업은 내부 자원의 활용보다 외부 자원을 활용하는 능력에서 경쟁력이 판가름 날 것"이라고 한 예견이 현실이 되었다.

아날로그 기업의 AI 도입과 디지털 피보팅에서도 외부와 내부를 연결하는 개방적 접근이 필요하다. 역량의 확보와 시간의 단축이라는 2가지 이유 때문이다. 현시점에서 아날로그 기업이 AI를 도입해 디지털 피보팅을 추진할 내부 역량은 부족하다. AI 전문가를 영입해 내부 역량을 확충하는 방안도 현실적으로 쉽지 않다. 공급 부족인 AI 전문가들의 영입도 어렵지만 조직 내부에 AI 전문가들의 역량을 판단할 능력도 부족하다. 영입되어도 조직에 적응하는 시간이 필요하고 최종적으로 실제 전력이 되어 성과를 거둘 가능성도 미지수다. 내부 조직원들을 교육시켜 AI 전문가로 육성하는 방안도 실효성에서 의문이다. AI 디지털 역량의 내부화는 시간과 비용 면에서 문제가 많다. 그렇다고 AI 디지털 피보팅을 외부에 전적으로 의존하기도 어렵다. 역량 있는 외부 조직을 찾기도 어렵고 또한 이러한 사안은 외부에서 주도해서 실질적인 변화가 만들어지지 않는다.

현실적 대안은 내부에 AI 디지털의 기본 역량을 확보하고 사업 경험을 바탕으로 외부의 전문가와 협력하는 분업 구조를 만드는 방향이다. 아날로그 기업들이 도입하려는 수준의 AI 기술은 상당 부분 범용화되어 있다. 기업들은 필요한 기술을 시장에서 구입해서 활용하면 충분하다. 다만 영역을 선정하고 외부의 전문가와 협력할 수 있는 정도의 내부 역량 확보는 선행되어야 한다.

요약하면 내부의 사업 경험과 외부의 AI 디지털 기술을 연결하는 방안이다. 이는 앞서 제시한 '기술보다 도메인 지식이 우선이다'와 동일한 맥락이다. 이미 범용화된 기술을 내부화하기 위해 시간과 노력을 낭비할 필요가 없다. 외부에서 조달한 기술과 내부에서 확보한 도메인 지식을 연결하면 신속하게 추진 역량을 확보해 시간을 단축할 수 있다. AI를 적용한 전술적 프로그램 추진으로 경험이 축적되고 전략적 디지털 피보팅의 방향성이 명확해지면 자연히 내부 역량이 커지고 외부 의존도도 줄어들게 된다.

7 | 조직 문화와 리더십의 피보팅을 병행하라

미국의 뉴빈티지파트너(NVP, NewVantage Partners LLC)가 85개 미국 주요 기업의 경영진을 대상으로 2021년 1월 실시한 설문조사에 따르면, 데이터 기반 기업이 되기 위해서 넘어야 하는 장벽으로 응답자의 92%가 '기업 문화와 리더십'을 지목했다. '기술적 한계'로 응답한 비중은 8%에 불과했다. 2018년에는 동일 문항에 대해 응답자의 80%가 '기업 문화와 리더십', 20%가 '기술적 한계'로 응답했다. AI와 데이터 관련 기술이 급속히 발전하는 상황에서도 기업 문화와 리더십이 더욱 큰 과제로 부각되고 있음이 주목할 부분이다. 데이터 기반 사업 전환 관련해 연구 조사를 주업으로 하는 뉴빈티지파트너는 동 조사를 2012년부터 시행하고 있다.

아날로그 기업의 디지털 피보팅 사업 방향 전환은 기술 기반, 자산 구조, 인적 역량, 조직 문화에서 리더십에 이르는 전방위적 변화로 확산된다. 이러한 연쇄효과가 일어나지 않으면 디지털 피보팅은 국지적 변화, 찻잔 속의 태풍에 머무르게 된다. 특히 기업의 기초 체력에 해당하는 조직 문화와 리더십의 변화가 수반되어야 장기적으로 진행되는 에너지를 확보할 수 있다. 따라서 디지털 피보팅은 프로세스와 사업 모델 차원에서 조직 문화와 리더십으로 확산되어야 한다. 아날로그 기업과 디지털 기업은 기저에 깔리는 문화가 다르기 때문이다. 만약 조직 문화와 리더십의 디지털 피보팅이 병행되지 않으면 시간이 흐를수록 사업과 조직의 괴리가 커지면서 혼란은 불가피하다.

구체적으로 조직 문화와 리더십이 아날로그 시대의 통제와 타율을 벗어나 디지털 시대의 자유와 창의를 지향해야 한다. 디지털 시대 사업 모델의 특징인 개방성, 자율성, 유연성이 조직 문화와 리더십에도 확산되어야 한다. 이러한 관점에서 대평원 생태계의 역동성과 질서는 커다란 시사점을 준다.

동물원의 동물들은 사육사들이 24시간 대기하면서 물과 식량 같은 필수품을 공급하고 아프면 치료해준다. 반면 대평원의 동물들은 밤낮으로 천적들을 경계하며 먹잇감을 찾아야 한다. 하지만 대평원에서 살아가는 개체가 감당하는 절박함은 역동성을 높인다. 변화에 적응하는 우량한 개체가 번식하면서 변종(變種)이 출현하고 진화가 일어난다. 반대로 동물원은 개체 차원의 안정성은 높지만 역동성은 실종된 화석(化石) 같은 공간이다.

기업 관점에서 아날로그 환경을 동물원, 디지털 환경을 대평원에 비유할 수 있다. 아날로그 시대에는 조직의 내부와 외부가 분리되어 있다. 엄격한 위계질서와 정교한 매뉴얼에 기반한 중앙의 명령과 통제가 근간이다. 동물원처럼 닫혀 있는 공간 내에서 사일로들이 또 다른 경계선으로 구분된다. 그러나 디지털 시대의 조직은 대평원 생태계처럼 열려 있는 공간으로 환경 변화에 유연하게 변화하며 자율성에 기반한다.

우리나라 기업들도 유연하고 자율적인 문화를 지향해 조직 혁신을 추진하고 있다. 실리콘밸리의 혁신 기업들을 벤치마킹해 유연근무제, 재택근무제 등을 실험하는가 하면 직급 단순화 등의 다양한 프로그램이 실시되고 있다. 형식이 실질을 규정할 수 있다는 점에서 나름대로 의미 있는 접근들이지만 제도의 본질을 정확히 이해할 필요가 있다. 예를 들어 혁신 기업들에서 스마트워크 등 근무시간을 자유롭게 선택할 수 있지만 업무와 관련한 상사, 동료, 직원들의 다면 평가는 수시로 진행되는 시스템으로 업무 긴장도가 높을 수밖에 없다. 출퇴근 시간, 휴가 일수 등에 대한 세세한 간섭은 없지만 엄정한 성과 평가와 보상 구조의 환경에서 연장 근무, 휴일 근무 여부는 스스로 판단해야 한다. 혁신 기업들의 자유로운 분위기는 이에 상응하는 책임감을 수반하기에 창의적이고 역동적이면서도 조직의 질서를 유지하는 건전한 조직 문화로 이어진다는 점이 본질이다.

아날로그 시대 조직 구조는 리더를 정점으로 계층별로 조직화된 삼각형 구조를 기본으로 한다. 전략 기획, 생산, 판매 등 기능별 분업을 근간으로 구성된 위계적 조직이 효율적이라고 판단하는 구조다. 단위 조직 차원에서 해결하기 어려운 과제는 사안별 태스크 포스(Task Force, TF)를 구성해 대처하는 보병(步兵) 부대 편제의 개념이다. 반면 디지털 시대의 조직은 TF의 집합체(aggregation)다. 소규모 특수 부대들의 네트워크에 가깝다. 기간 조직은 있으되 유연성을 높여 내부 프로젝트를 수행하는 TF들을 활발하게 구성해, 다양한 문제 해결에 대응하는 방식이다. 조직 운영의 방점은 혁신과 변화의 지속 및 스피드와 역동성의 유지에 있다.

디지털 시대 조직 문화의 기본은 자유와 책임의 균형이다. 디지털 시대의 격동적 상황을 헤쳐 나가기 위해서 필수 경쟁력인 창의성과 열정은 자유로운 분위기에서 형성되기 때문이다. 다만 자유는 책임과 결합되어야 조직의 에너지로 전환될 수 있다는 점이 중요하다. 자유에 책임이 따르지 않는 조직은 질서가 무너진 오합지졸에 불과하다. 대평원에서는 하찮은 생명조차도 선택의 자유와 이에 따르는 책임을 감수하면서 살아가고 있다.

표면적으로는 무질서해 보이지만 내면에는 '자유와 책임'의 원칙에 따른 엄정한 생명의 질서가 존재하기에 생겨나는 대평원과 같은 역동성의 확보가 조직 문화와 리더십 디지털 피보팅의 핵심이다.

AI,
기술을 버려야 산다

'장님 코끼리 만지기'라는 우화는 유명하다. 옛날 인도의 왕이 장님들에게 코끼리를 만져보고 모습을 이야기하도록 했다. 이빨을 만지고 '무우', 귀를 만지고 '부채', 다리를 만지고는 '기둥' 등으로 묘사했다. 이 이야기는 부분적 감각을 기반으로 전체를 추론하는 과정에서 생겨나는 편견을 경고한다. 그러나 커다란 코끼리가 아니라 작은 토끼였다면 시각장애인들은 실제 모습을 머릿속에 그렸을 것이다. 본질적으로 대상이 클수록 전체를 파악하기 어려워진다는 측면을 내포하고 있다.

2021년에 고전적 우화를 반추하는 이유는 디지털 전환의 흐

름을 조망하기 위함이다. 국지적인 작은 변화는 직관적으로 이
해되지만 디지털 혁명처럼 사회경제적 구조의 전반을 바꾸는 거
대한 변화는 다른 차원이다. 미래 변화를 암시하는 신호(sign)와
소란한 잡음(noise)이 뒤섞여 복잡하고 혼란스럽다. 각자가 나름
대로의 방향을 탐색하지만 초기에는 '장님 코끼리 만지기' 식의
부분적이고 편향적인 인식도 오히려 당연하다. 사업 모델, 기술
발전, 연구 개발, 인력 구성, 조직 문화 등 다방면에서 바라보는
관점과 문제의식이 다르기 때문이다. 그러나 시간이 흐르고 다
방면에서 이러한 변화의 본질과 추세에 접근하면서 점차 모습이
뚜렷해지고 각자의 입장에서 적응과 생존을 위한 구체적 실행
방안을 수립하고 추진하게 된다.

이런 측면에서 2020년은 디지털 전환의 변곡점으로 흐릿하
던 거대한 코끼리의 모습이 드러나기 시작하는 시기로 비유된
다. 10여 년 전부터 시작된 흐름이 코로나19를 계기로 가속화되
었기 때문이다. 연장선상에서 2021년은 아날로그와 디지털이
본격적으로 융합되고 재구성되고 있다. 얼마 전까지 디지털 전
환을 지칭하던 'DT(Digital Transformation)'에 뒤이어 최근 사용 빈
도가 높아지는 'DX(Digital eXchange)'라는 용어가 이러한 변화를
나타낸다. 비록 미세한 차이이지만 DT는 '디지털 기술에 기반한
일방향 혁신'이 중점이라면 DX는 '신생 디지털과 기존 아날로그

영역 간의 쌍방향 교류를 통한 융합적 혁신'에 방점을 두고 있다는 점에서 구분된다.

DX의 실체에 접근하고 방향성을 정립하는 과정은 사회경제적 주체들의 입장과 사고방식에 따라 다양하게 전개된다. 정보혁명에 이어 디지털로 표현되는 거대한 물결은 다면적이고 복합적이기 때문이다. 일단 컴퓨터와 통신에 기반하는 특성에 따라 기술적 접근이 선행됨은 자연스럽다. 다음으로는 기술이 산업과 기업으로 확산되면서 산업 주도권과 사업 모델의 변화를 촉발한다. 이러한 변화는 사회구조, 법률적 환경 등 소위 사회경제적 인프라로 확산되고 궁극적으로 정치 지형과 인간 이해의 차원으로 연결된다. 이는 순차적이기도 하지만 동시적이기도 한 복잡계의 과정이다.

산업과 기업 관점으로 국한해도 DX라는 거대한 물결은 업종, 기능, 규모에 따라 다양하게 접근된다. 미디어, 자동차, 유통, 화학, 숙박 등의 업종에 따라 DX의 확산 속도와 민감도가 다르다. 기능적으로도 전략, HR, 제조, 연구 개발, 고객 관계 등 가치 사슬의 단계에 따라 구분되어 다르다. 또한 처음부터 디지털 기술을 기반으로 사업을 시작한 기업들과 기존의 아날로그 기업으로서 DX의 환경에 적응하려는 입장은 접근 방식 자체가 다르다. DX라는 새로운 흐름도 초기에는 기술이라는 국지적 영역에서 태동하다가 점차 거대한 물결로 커지면서 전방위적으로 변화를 불러오고 있다. 일반 기업의 입장에서는 기술이라는 협소한 시각을 탈피해 사업 모델부터 시작해서 기능적 세부 영역까지 전반적 혁신을 모색해야 하는 국면이다.

　디지털 기술 기업들이 주도했던 흐름이 아날로그 기업들로 확산되는 메가 트렌드의 중심에 AI가 있다. 2016년 이세돌과 알파고 바둑 대결까지 공상과학소설 정도로 인식되었던 AI는 순식간에 보통명사가 되었다. 기업들도 AI 도입에 적극적이다. 조달에서 생산, 판매, 연구 개발에 이르는 전체 프로세스에 AI를 접목해 혁신을 추진한다. AI 관련한 신기술을 이해하고 도입하면서 인력 확충, 조직 문화 등 전사적 혁신을 전개한다. 초기 도입 과정에서 경계할 부분은 기술의 함정이다. 새로운 기술을 접하면서 기술 자체에 매몰되는 현상을 말한다. AI 기술은 일반 기업의 활용 수준에서는 범용 기술에 가깝다. 필요한 영역에서 필요한 부분을 구입하고 활용하면 충분한 도구다. 물론 내부적으로 데이터 구조를 이해하고 사업 지식을 활용해 과제를 정의하는 역량은 확보해야 한다.

　지난 수십 년간, 전 세계 반도체 업계를 지배한 중요한 법칙이 있었다. 인텔의 공동 창립자이자 명예 회장인 고든 무어(Gordon Moore, 1929~)의 이름을 딴 '무어의 법칙(Moore's Law)'이다. 반도체의 집적회로 성능은 2년마다 2배로 증가한다는 이 법칙은 1960년대 중반 이래로 반도체 산업을 지배해왔다. 무어의 법칙보다 AI의 성능 향상 속도는 7배가 빠르다. 2019년 스탠퍼드대학교의 'AI 인덱스 2019' 보고서에 따르면 AI의 성능은 3.4개월마다 성능이 2배씩 향상되고 있다. 이러한 맥락에서 AI를 대하는 관점을 말하고자 한다.

먼저 AI에 대한 기술 일변도의 접근을 탈피해야 한다. 가령 다양한 산업에서 반도체가 필요하지만 모두가 반도체 생산 프로세스를 배우고 개발하지 않는다. 또한 멀리 떨어진 목적지로 이동수단이 필요하다고 해서 자동차와 비행기를 직접 만들지도 않는다. AI는 변화가 가장 빠른 기술 중 하나다. 이와 같은 상황에서 AI 기술을 어떠한 관점으로 바라볼 것인지에 대한 의사 결정은 AI가 생산 안정기에 도래했을 때 조직의 방향성에 큰 영향을 미칠 수 있다. 그 의사 결정이 AI 기술을 맹목적으로 지향하지 않기를 바란다.

일반 기업의 AI 도입 전략에서 AI 기술의 함정을 경계해야 하며, 조금 강하게 표현해서 'AI 기술을 버려야 한다'라고까지 생각한 계기는 현업의 경험이었다. 알고리즘랩스에서 수행한 국내 기업의 AI 도입 관련 프로젝트에서 체득한 통찰에 기반한다. 미국에 주로 분포하는 AI 선두 업체의 연구 결과에서도 맥락은 동일했다. 하지만 현재 다수의 국내 기업들이 AI 기술의 함정에 매몰되어 있다고 생각된다. 컴퓨터 공학, 수학 등 AI 관련 분야를 전공하지 않은 임직원들도 코딩을 배우고 직접 AI 프로그램 개발을 시도하면서 막대한 시간과 비용을 소진하는 경우다.

AI 기술은 급속도로 발전하고 있다. 불과 3~4개월 전의 최신 기술이 순식간에 일반화된다. 따라서 비전문가에게 코딩을 가르쳐서 AI 개발이 가능한 인재로 육성하는 방법은 실효성이 떨어진다. 비전문가가 6개월~1년의 시간을 투입해 AI 개발 역량을 갖추어도 3.4개월에 2배씩 성능이 향상되는 AI 발전 속도를 따라잡기 어렵기 때문이다. 이러한 접근은 개인은 물론 조직적 차원에서도 낭비라고 생각한다.

AI 연구 인력과 AI 활용 인력은 큰 차이가 있다. 연구 인력은 AI 기술 자체에 집중한다면, 활용 인력은 기술의 현업 적용에 집중한다. 이 책에서 제안하는 AI에 대한 전략과 전술은 AI에 대한 기술 개발이 아닌 활용에 초점을 두고 있다. AI 활용의 방향으로 관점을 전환하고 이에 기반한 AI 도입 관련한 의사 결정을 진행한다면 효과적이라고 생각한다. 미래에는 일정한 규모의 특정기업에게 필요한 AI 프로그램이 1~2개가 아닌 1~2만 개가 되는 AI의 확산기가 도래한다고 예상한다. 이는 50년 전인 1970년대에 대기업에 컴퓨터가 1~2대 있었지만 오늘날에는 업무용으로 수만 대를 사용하고 있는 점을 반추해보면 이해가 된다. AI 기술의 실질적 도입이 우리나라 기업들이 디지털시대에도 경쟁력을 유지하고 더욱 도약하기 위해 필수적 요소인 이유다.

고대 그리스인들은 시간을 크로노스(Chronos)와 카이로스(Kairos)로 구분했다. 크로노스는 물리적이고 객관적 개념으로 초, 분, 월, 년 등 시계로 측정된다. 반면 카이로스는 상대적이고 주관적인 시간으로 중요도와 의미는 각각 다르다. 지구 어디서나 물리적 시간인 크로노스는 동일한 속도로 흘러가지만 지역과 개인에 따라 상대적 시간인 카이로스는 모두 다르다. 예컨대 역사책에서 수백 년이 1페이지로 압축되기도 하지만, 분기점이 되는 10년이 수십 페이지로 기술되기도 한다.

인류 문명의 역사를 산업 발달의 관점에서 보면 3번의 분기점이 있었다. 1만여 년 전 중동 메소포타미아에서 시작된 농업혁명, 18세기 영국에서 시작된 산업혁명, 20세기 미국에서 시작된 정보혁명이다. 시간적 중요성에서 3번의 분기점이 혁명이라고 불리는 이유는 경제 산업은 물론 정치사회적 기존 질서를 변화시키는 파괴력과 이후 세계의 기본틀을 형성하는 창조력의 원천이 되었기 때문이다.

카이로스의 관점에서 2020년은 아날로그의 종언과 디지털 신질서 확산의 분기점이었다. 이후 영역을 불문하고 AI와 디지털 기술이 주도하는 구조적 변화가 급속하게 진행되고 있다. 우리나라 기업들이 이러한 변화에 능동적이고 효과적으로 대응해 AI가 이끌어 가는 21세기 디지털 시대의 주역이 되기를 바란다.

AI 피보팅

초판 1쇄 발행 2021년 7월 7일

지은이 | 김경준 손진호
펴낸곳 | 원앤원북스
펴낸이 | 오운영
경영총괄 | 박종명
편집 | 최윤정 이광민 김상화
디자인 | 윤지예
마케팅 | 송만석 문준영 이지은
등록번호 | 제2018-000146호(2018년 1월 23일)
주소 | 04091 서울시 마포구 토정로 222 한국출판콘텐츠센터 319호(신수동)
전화 | (02)719-7735   팩스 | (02)719-7736
이메일 | onobooks2018@naver.com   블로그 | blog.naver.com/onobooks2018
값 | 17,000원
ISBN 979-11-7043-224-1 03320